公務員のための

問題解決
フレームワーク

秋田将人 [著]
Akita Masato

学陽書房

はじめに

「役所で起こる問題は、昔も今も同じなんだよ。だから、解決できない問題なんてほとんどないよ」

——こんな言葉を課長から聞いたのは、まだ入庁して間もない頃でした。当時は、目の前の仕事に忙殺されていたので、「昔と今では業務の内容は異なるし、そんなことはない」と密かに思ったものです。

しかし、それから20年以上にわたり、住民対応、庁内調整、議会対策など、様々な経験を踏まえると、冒頭の発言に頷けるようになったのです。例えば、皆さんにも次のような経験がないでしょうか。

・上司から「この資料は、何が言いたいのかわからない」と言われる
・財政課から「予算要求の具体的根拠を示してほしい」と指摘される
・住民から「もっとサービスを向上して欲しい」との要望がある
・課長は「新業務を担当して欲しい」と言うが、現業務で手一杯だ
・議会は「市の独自性を活かした事業を」と言うが、想像できない

ICT の推進により、様々な事務が効率化されました。しかし、**業務改善、住民サービスの向上、組織運営の効率化、新規事業の立案など、役所として行うべきことは昔から変わっていない**のです。

こうした様々な問題の解決に有効なのが、フレームワークです。フレームワークとは、簡単にいえば、意思決定や問題解決のための思考方法です。和訳は「枠組み」「骨組み」「構造」などですが、要は問題解決のためのツールです。**フレームワークを使えば、「この問題をどうやって解けばよいだろうか」とイチから考える必要はなくなります。**

私は新人研修でこのフレームワークの存在を知ってから、様々な手法を知り、いろいろな部署で実際の業務に活用してきました。そして、**フレームワークは自治体の実務で非常に役立つ**ことを確信したのです。

「フレームワークは、MBA やビジネスシーンだけで使われている思

考法」「意識高い系の人が使うもので、自分とは関係ない」と考えるか
もしれませんが、そんなことはありません。フレームワークは日々の業
務に役立つ身近なツールなのです。

　本書の特長は、以下のとおりです。

1　自治体の事例をあげてフレームワークを解説

　フレームワークに関する書籍は数多くありますが、公務員に向けて書
かれたものではないため、公務員の読者は自分の立場に置き換えて考え
る必要がありました。しかし、この本ではすべて自治体で起こる事例を
示して解説しています。

2　ロジカル・シンキングとラテラル・シンキングの両方を紹介

　一般にフレームワークというと、多くの場合、ロジカル・シンキング
を指します。垂直思考とも呼ばれ、与えられた問題に対して論理的に考
える直球思考です。これに対して、ラテラル・シンキングとは水平思考
とも呼ばれ、問題そのものを疑うなど、論理的思考とは異なる変化球思
考です。本書では、この両方を取り上げています。

3　問題解決能力だけでなく、問題発見能力も身につく

　フレームワークは問題解決のために有効です。しかし、単に目の前に
ある問題を解決するだけでなく、「そもそも、これは本当に問題なの
か」と疑う力が身につきます。目の前の問題に目を奪われるのではなく、
より根源的・本質的な問題を発見することができる力が身につきます。

　本書では、原則、冒頭に事例を示しています。これをぜひクイズだと
思って、解いてみてください。そうすると、きっとフレームワークを身
近に感じることができるはずです。本書が少しでも皆さんのお役に立つ
ことができれば、これほど嬉しいことはありません。

秋田将人

第3章 組織の効率を高めるフレームワーク

第6章 「問題」の見つけ方・設定の仕方

第 1 章

業務の効率を上げる
フレームワーク

01

5W1Hで
情報を整理する

　資料作成が苦手で、課長から、「わかりにくい」「必要な情報が漏れている」「大事なポイントが書かれていない」などと指摘されてしまいます。

　課長に報告する際にも、頭に浮かんだことをそのまま話してしまうので、「結局、何が言いたいの？」と言われてしまいます。どのような点に注意すればよいでしょうか。

6つの要素で基本情報を漏らさない

　情報や状況を説明する際には、5W1Hを活用します。これは、伝える事柄を以下の6つの要素に整理するフレームワークです。

　① Who（誰が）　② When（いつ）　③ Where（どこで）

　④ What（何を）　⑤ Why（なぜ）　⑥ How（どのように）

　これら6つの要素は、情報や状況を伝えるための必要事項です。

　客観的に伝えるための6つの視点ともいえ、これにより情報や状況を整理することができます。

　資料作成や上司への報告の際に、必ずこの5W1Hを盛り込むことを心掛ければ、必要な情報が漏れることなく、的確に相手に伝えることができます。

　なお、5W1Hに、Whom（誰に）、How much（いくら）を加え、6W2Hとする場合もあります。予算要求資料でいえば、市民に（Whom）、500万円の予算で（How much）を加えると、対象者・予算が明確になります。

5W1H の例

Who	（誰が）	▷ 防災課が
When	（いつ）	▷ 来年度に
Where	（どこで）	▷ 市民まつりの際
What	（何を）	▷ 防災グッズを
Why	（なぜ）	▷ 市民の防災意識高揚のために
How	（どのように）	▷ アンケート回答者に配付する

こんなときも使える！

◎予算要求資料

例えば、①防災課が、②来年度に、③市民まつりの際、④防災グッズを、⑤市民の防災意識高揚のために、⑥アンケート回答者に配付する…など、予算要求に必要な項目を整理します。この項目に基づいて詳述すれば、要求内容が明確となり、財政課に対して客観的な説明ができます。

◎議事録

①出席者、②開催日時、③開催場所、④議題・結論、⑤会議目的・名称、⑥出された意見や質問等、のように記録すべき項目を整理します。こうした項目があれば、「結局、会議で何が決まったんだっけ？」というような事態を避けることができ、欠席者を含め、関係者全員が情報を共有できます。

MECE で
漏れをなくす

CASE 一部ではなく、住民全体に配慮したいとき

　来年度の道路改修工事場所について、係員で候補地を検討し、係長へ説明しました。

　すると、係長から「この案ではＡ地区とＢ地区では改修工事は実施されるものの、Ｃ地区では１か所も実施しないことになる。これでは、議会から『地域的なバランスを欠いている』とクレームが出る可能性がある」と指摘されてしまいました。自分としては、アンバランスをつくるつもりはなかったのですが、こうしたミスを防げないでしょうか。

的確に分類して全体を明らかにする

　無意識のうちに不公平な状況をつくることを避けるために重要なのが、MECE の視点です。

　MECE とは、Mutually Exclusive and Collectively Exhaustive の略称で、簡単にいえば「全体を網羅して（漏れなく）、かつ重複がない（ダブりなく）」という意味です。ロールプレイングゲームを例にすると、プレイヤーが得た経験値が、①100未満はＡコース、②100以上200未満はＢコース、③200以上はＣコースへと必ず決まったコースに進む場合、すべての人がいずれかに進むことになり、複数のコースを選択することはできません。これが、「漏れなく、ダブりもない」状態です。

　このように、MECE を活用し、対象をいくつかの要素に分類し、漏れやダブりがないことを確認できれば、全体をチェックできます。つまり、全体を完全に分類できるので、不公平が生じることがなくなるのです。

MECE の例

＜職員の分類＞

（1）漏れなし・ダブリなし

主事 （管理職以外）	副参事 （課長級）	参事 （部長級）

職層（職員の階級）による分類。一般職の職員はすべて、主事・副参事・参事のどれか1つに属す

（2）漏れなし・ダブリあり

主事	課長職	参事

色塗りはダブリ。参事でありながら課長職の職員がいるため（土木部参事管理課長事務取扱など）

（3）漏れあり・ダブリなし

主事	副参事	

参事がないため、漏れあり

（4）漏れあり・ダブリあり

こんなときも使える！

◎職員を分類する

　職員研修を考える際に、①所属別、②職層別、③職種別のような視点で整理し、全体が網羅できているかを検証します。その上で、実施中の研修を当てはめれば、特定の職員が研修を受講していないといった事態を避けられます。

◎住民を分類する

　事業が住民全体に与える影響を考える場合に、不公平が生じていないかを検討する際の具体的な分類方法としては、①男女別、②年齢別、③住所地別、④所得別などがあります。

　また、世論調査や個別行政計画策定の際にアンケートを行うときも、このMECE の視点は役立ちます。

03

演繹法で
論理的に説明する

CASE　上司に説明し、納得を得たいとき

　市民課では、年度の切替え時期は転入・転出の届出が多く、窓口が混雑します。ときには、対応する住民の順番を職員が間違ってしまい、住民とトラブルになってしまうこともあります。

　そこで、銀行にもある「受付番号発券機」の設置を課長に提案したのですが、「『銀行にあるから』だけでは、理由にならない」と言われてしまいました。納得してもらうためには、どう説明すべきでしょうか。

ルールと観察事項で論理的に説明できる

　相手に納得してもらうためには、論理的に、つまり、きちんと筋道立てて説明する必要があります。その具体的方法の１つが、演繹法です。

　演繹法は、「三段論法」ともいわれ、ルール（一般論）と観察事項を組み合わせて、結論を導くものです。例えば、「人間は必ず死ぬ」（一般論）に「ソクラテスは人間だ」（観察事項）を組み合わせれば、「ソクラテスは必ず死ぬ」という結論が導かれます。

　この例でいえば、「自治体は住民に対して、効率的な行政サービスを提供しなければならない」（一般論）に対して、「窓口が混雑し、住民とトラブルが発生している」（観察事項）を組み合わせ、「トラブルを回避するため、受付番号発券機を導入する必要がある」（結論）と説明します。このように演繹法を使って説明することで、単に「銀行で導入しているから」と言うよりも、論理的になります。

演繹法の例

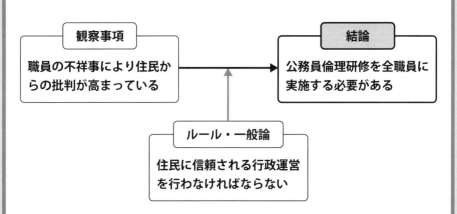

```
      観察事項                              結論
┌─────────────────┐        ┌─────────────────┐
│ 職員の不祥事により住民か │───────▶│ 公務員倫理研修を全職員に │
│ らの批判が高まっている │    ▲   │ 実施する必要がある   │
└─────────────────┘    │   └─────────────────┘
                  │
           ┌─────────────┐
           │ ルール・一般論   │
           ├─────────────┤
           │ 住民に信頼される行政運営 │
           │ を行わなければならない  │
           └─────────────┘
```

　演繹法で導いた結論が必ず正しいとは限らない。
　例えば「障害福祉費が年々増加している」（観察事項）＋「効率的な財政運営が必要だ」（ルール・一般論）＝「障害福祉費の増加を抑える必要がある」（結論）とはいえない。ルール・観察事項・結論が妥当なものか、検証する必要がある。

こんなときも使える！

◎予算要求説明

　財政課に予算の必要性を説明する際に、①「必要な人には生活保護を確実に提供する必要がある」（ルール）、②「新型コロナウイルスの影響で失業者が急増している」（観察事項）、③「生活保護費の大幅な増額が必要だ」（結論）、のように説明します。口頭だけでなく、資料でも同様の構成で明記します。

◎住民に対する意識啓発の周知

　住民に意識啓発を行う際、「持続可能な社会の構築が求められています」＋「未だ家庭から分別されないごみが排出されています」＝「ごみの分別の徹底が必要です」のように周知を行います。こうすることで、単に「ごみの分別の徹底が必要です」と周知するよりも、納得感が高まります。

帰納法で
問題点を見つける

CASE 市内の図書館に共通する問題を見つけたいとき

　生涯学習課は、市内に5つある図書館の管理運営を行っています。

　ある日、ある図書館長から、「最近、本の盗難が増えている」との電話がありました。何気なく係長に伝えたところ、「それは、その図書館だけの問題か？　他の図書館にも確認して」と言われました。他の4館にも確認すると、同様に盗難が増えていることが判明。これは「盗難の増加は、市内図書館の共通の問題」と結論付けてよいのでしょうか。

複数の事例から結論を導くことができる

　帰納法も演繹法と同様に論理的思考の1つで、複数の事例から共通点を見つけ、結論を導きます。例えば、市内に複数あるスポーツセンターのすべての利用者数が減少しているならば、「市内のスポーツセンターは利用者が減少している」と結論付けることができます。

　帰納法を活用する場合は、どのような視点で対象を捉えるかがポイントです。盗難された本を詳しく分析すれば、「作家○○○○の本が盗難されている」「高価な本ばかり盗まれている」のように、さらに詳細な結論を導くことも可能になります。

　CASEのように、1つの事例から複数の事例が当てはまらないかと検証してみる姿勢も大事です。係長の意見がなければ、「市内図書館での本の盗難が増えている」との問題を発見することはできなかったはずです。このように帰納法を活用するためには、「個別から全体へ」「具体から抽象へ」と、視野を拡大することが求められるのです。

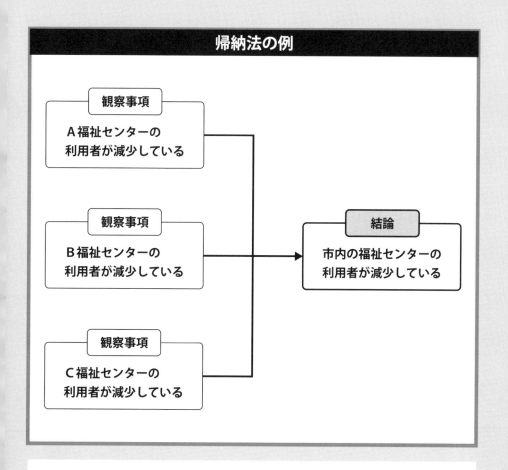

◎全庁的問題の発見

　１つの職場で起こった問題が、実は全庁的な問題である場合もあります。例えば、ある事業課に市民から「ホームページがわかりにくい」という意見が寄せられた場合、実は他部署でも同様の苦情が寄せられていたとすれば、全庁的な問題となります。企画、財政、人事などの職員には、こうした全庁的な問題をいち早く見つけることが求められます。

◎事務改善

　ある事業の決算における執行率が数年にわたって低いとすれば、その事業を見直すきっかけになります。また、イベントの参加者数が数年にわたって低迷しているような場合も、同様に見直しが求められます。

ロジックツリーで構成要素を分解する

CASE 事業アイデアを整理したいとき

　主任研修で、「市の財政を改善するために、何を行うべきか」というグループワークを行いました。職員からは、「活用していない市有地を民間企業に貸し出す」「在宅勤務を推進し、職員の通勤手当を削減する」「クラウドファンディングを行う」など、様々な意見が出される中、講師の財政課長からは、「アイデアを出しっぱなしにせず、それぞれの提案を整理して、体系化できないだろうか」と意見が出されました。

目的と手段で構成要素を体系化できる

　ロジックツリーは、様々な構成要素を体系化・構造化する手法です。

　例えば、「体重を減らす」という目的に対しては、①「食事量を減らす」、②「運動する」という2つの手段が考えられます。また、①「食事量を減らす」ためには、（ⅰ）「朝食を減らす」、（ⅱ）「昼食を減らす」、（ⅲ）「夕食を減らす」の3つの手段が考えられます（主食を減らす、間食を減らすなど、別の分類も考えられます）。

　このように、目的に対して手段を考え、次にその手段を目的と捉えて、さらにその下の手段を考えていくと、構成要素が体系化・構造化されます。これにより、構成要素の位置付けを明確にすることができ、目的に対して「何を行うべきか」をはっきりさせることができます。

　なお、このロジックツリーを活用する際にはMECEの「漏れなく・ダブりなく」を意識すると、全体を包含することが可能となりますが、必ずしもMECEにこだわる必要はありません。

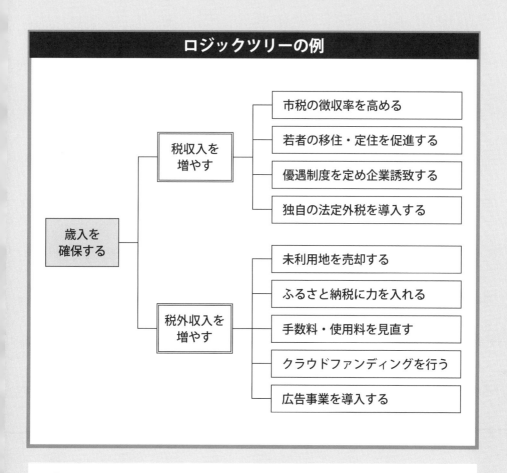

ロジックツリーの例

```
            ┌─ 市税の徴収率を高める
    税収入を  ├─ 若者の移住・定住を促進する
    増やす   ├─ 優遇制度を定め企業誘致する
            └─ 独自の法定外税を導入する
歳入を
確保する
            ┌─ 未利用地を売却する
    税外収入を ├─ ふるさと納税に力を入れる
    増やす   ├─ 手数料・使用料を見直す
            ├─ クラウドファンディングを行う
            └─ 広告事業を導入する
```

こんなときも使える！

◎総合計画

　総合計画では、最も大きな目的は基本構想に掲げる「将来像」の実現であり、その手段として、複数の政策があり、政策の下には施策、施策の下には事務事業が位置付けられます。これにより、基本構想－政策－施策－事務事業が、それぞれ目的－手段の上下関係で構成されることとなります。

◎事務改善

　原因追求にも有効です。手当の支給額等を間違った場合、①システムの問題、②職員の手当についての認識不足などを指摘し、さらに①ではどんな点が問題だったかを具体的に追及していけば、事務改善につなげられます。また、話がかみ合わない、「レベル感が異なる」議論を避けることもできます。

PDCAで計画〜改善の サイクルを回す

　先日、来年度の予算要求について財政課に説明する機会がありました。福祉課では、認知症高齢者が増加していることから、高齢者にGPS端末を貸し出す新規事業を実施したいと考えており、担当の財政課職員にも詳しく説明しました。しかし、「この事業の実施効果はどのように測るの？　単に事業のやりっぱなしではダメだよ」と厳しく指摘されてしまいました。何か良い方法はないでしょうか。

継続的に改善を行う仕組みをつくる

　PDCAとは、Plan（計画）→ Do（実行）→ Check（評価）→ Action（改善）の4段階を繰り返して、継続的に事業等を改善する手法です。

　多くの自治体では、このPDCAサイクルを活用しています。前年度の決算や事業実績に対する行政評価を活用するとともに、当該年度の事業の進捗状況も見据え、来年度の予算編成に反映します。これにより、過去の実績を踏まえて、より改善を図っていきます。これを毎年度繰り返すことにより、事業は継続的に改善されていくわけです。

　なお、このPDCAサイクルを繰り返すことで、より業務の質が高まるので、スパイラルアップともいえます。これは、螺旋状に回転しながら上昇していくイメージです。

　CASEでいえば、具体的にどのような指標を用いて「評価」を行うのか、また、どのように継続的に「改善」していくのかを財政課に説明することが求められます。

PDCA の例

Plan（計画）
目標を設定し、
実行計画を練る

Do（実行）
計画に沿って
着実に実行する

P D A C

Action（改善）
改善・修正を施し、
次の計画に活かす

Check（評価）
結果を振り返り
分析・検証する

こんなときも使える！

◎組織の目標管理

　課や係などの組織や個人が、年度当初に立てた目標について、年度末に評価を行い、来年度の目標に反映します。このようなサイクルを繰り返すことにより、組織は継続的な改善を行うことができます。なお、目標は年度途中で変更することもあります。当初の目標設定時には想定できなかった状況の変化が起これば、目標変更も必要です。

◎人事評価

　年度当初、係長や課長などの上司が、部下との面談を通して、その部下の目標を共有します。年度末に、再び面談を実施し、目標に対しての進捗状況を確認し、来年度の目標設定に反映させます。

07

KPIで
指標を設定する

CASE 事業の効果を数値化したいとき

　来年度の障害者福祉大会の予算要求について、財政課との折衝があり
ました。財政課の担当者からは、「障害者福祉大会は毎年実施している
けど、担当課としては、この事業効果をどのように考えているの？　単
なる前例踏襲ではダメだよ」と厳しい意見がありました。どのように説
得すればよいでしょうか。

達成すべき目標を数値で把握できる

　KPIとは、Key Performance Indicatorの略称で、目標を実現するた
めの重要な業績評価の指標のことをいいます。上記のCASEでいえば、
最終の目標は、住民の障害者に対する差別や偏見をなくす（ゼロにす
る）こと。障害者福祉大会の実施は、そのための手段の1つです。

　ただ、この事業がどの程度の効果があるのかを把握するためには、数
値化が必要です。これがKPIとなります。具体的な指標としては、「来
場者数」や「参加者の満足度」などが考えられます。もちろん、指標は
1つだけでなく、複数設定することも可能です。

　なお、「住民の障害者に対する差別や偏見をなくす（ゼロにする）」と
いう最終目標はKGI（Key Goal Indicator）といい、KPIは中間目標と
いわれます。1つのKGIに対して、複数のKPIを設定することも一般
的です。

　このように、KGIとKPIは体系化・構造化できますので、最終目標
であるKGIが実現できない場合は、どのKPIに問題があるのかを把握
することが重要となります。

KPI の例

KGI
安心して生み育てられるまち

KPI①	KPI②	KPI③	KPI④
待機児童数ゼロ	合計特殊出生率の上昇	子育てしやすいと感じる市民の割合	子育て応援団体の登録者数

To Do	To Do	To Do	To Do
・保育園の施設整備 ・定員枠の拡大 ・幼稚園の認定こども園化	・婚活支援事業の実施 ・不妊治療への助成 ・出産祝い金の支給	・公園の整備 ・家庭支援センターの機能強化 ・相談体制の充実	・応援団体への補助事業 ・関連イベントの実施

こんなときも使える！

◎**行政評価**

　自治体で最も一般的な KPI の活用事例は、行政評価です。総合計画や基本構想に基づき、分野別に政策や施策段階で KGI・KPI を設定し、それに基づき各分野の進捗状況を管理していきます。また、毎年、この数値を公表し、行政運営の状況をつまびらかにしています。

◎**組織目標や施設の管理運営**

　組織目標や施設の管理運営にも活用できます。組織目標であれば、超過勤務の削減、有給休暇の取得率向上等が、施設の管理運営であれば、光熱水費の削減等が指標となります。KPI 実現のために行うことをリストアップすると、さらに体系化・構造化ができ、より具体的なアクションプランになります。

08 ポートフォリオ分析で整理する

CASE 研修事業の位置付けを見直したいとき

　先日、研修係長から「最近、研修内容のマンネリ化が指摘されている。受講アンケートでも、満足度の低下が見られるので、来年度に向けて、研修内容の見直し案を考えてほしい」と言われました。何から着手すればよいか見当がつかないのですが、どうすればよいでしょうか。

2 つの視点で現状を分析できる

　ポートフォリオ分析は、2 つの軸（縦軸・横軸）で、4 つの面を作り、それぞれの要素がどこに位置付けられるのかを分析する手法です。

　この CASE でいえば、「受講生満足度」と「コスト」を 2 軸にしてすべての研修を配置します。すると、①満足度もコストも高い、②満足度は高く、コストは低い、③満足度は低く、コストは高い、④満足度もコストも低い、の 4 つに分類できます。このように分析すると、「③の満足度は低いのに、コストが高い研修は中止しよう」といった意思決定ができます。

　また、仮に「ビジネスマナー研修」と「文書研修」がともに「満足度もコストも高い研修」であったとしても、満足度やコストに違いがあれば、同じ象限の中でも置かれる位置が異なりますので、より詳細な分析が可能となります。

　さらに、ポートフォリオ分析では、時間の経過により位置付けが変わっていく「変化」を示すことも可能です。かつては「文書研修」が②に位置していたものの、その後、③、④と変わっていったことを矢印で示すことができれば、位置付けの推移が一目でわかります。

ポートフォリオ分析の例

受講者数

多

経費の大きいものを大きな楕円、経費の小さいものは小さな楕円にすると、「受講者数」「受講者満足度」以外の「経費」という情報を加えることもできる

データ分析

地方自治法

地方公務員法

政策法務

資料作成

受講者満足度

低　　　　　　　　　　　　　　　　　　　　　　　高

簿記入門

防災基礎

IT関連

「受講者数」「受講者満足度」の2軸は対象を整理するための視点。他に「対象職層」「開催時期」等も軸になる

少

こんなときも使える！

◎業務管理

　担当する業務の優先順位を把握する際にも、このポートフォリオ分析はよく活用されます。この場合、「緊急性」と「重要性」を2軸にします。

　これにより「緊急性は低いが、重要性は高い」業務は、早期に着手しなければならないなどと判断できます（94頁参照）。

◎事業分析

　事業を分析する際にも有効です。例えば、成果（向上←維持→減少）とコスト（増加←維持→減少）を2軸にして、どこに各事業を位置付けるか、今後の方向性について企画部門と担当課で認識を共有します。

マトリックス図で
複数の視点で整理する

　防災課長が「東日本大震災から約10年が経ち、市民の防災意識が低下していることが市民世論調査からわかった。何か良い対策はないだろうか」と課内会議で言いました。職員からは「講演会の実施」「啓発DVDの作成」「新たな防災訓練の実施」など、多くの意見が出されました。すると、課長から「では、これらの案を比較検討して1案に絞ってほしい」との指示があったのですが、どんな資料を作成すればよいでしょうか。

多角的な視点で比較検討ができる

　マトリックス図とは縦横の行列形式の表のことで、エクセルなどの表計算ソフトをイメージすればすぐにわかると思います。

　このCASEであれば、「講演会の実施」「啓発DVDの作成」「新たな防災訓練の実施」の3案を横に並べます。縦には、比較する視点として「メリット」「デメリット」「経費見込」などを掲載します。これにより、各項目について評価が可能となります。

　3案につき、それぞれ3つの視点で評価すれば、9つの評価ができ、総合的にどれがよいかを判断しやすくなります。評価方法としては、文章以外にも、「○・△・×」、0〜5点満点の点数化などが考えられます。点数化した場合には、合計点の欄も設けておくと、1案に絞った理由がより明確にできます。

　もちろん、恣意的な評価では資料の信頼性は失われてしまうため、客観的に判断することが必要です。

マトリックス図の例

	案1	案2	案3
事業概要	講演会の実施	啓発 DVD の作成	新たな防災訓練の実施
メリット	経費が安い	視覚に訴えることができ、また HP に保存できる	関係機関も含め、参加者が多い
デメリット	1回では参加者も限られ、効果に疑問	内容によっては1回で飽きられてしまう	既存訓練との違いが明確でない
経費見込	50万円	250万円	350万円
係の評価	△	○	×

こんなときも使える！

◎**制度やサービスの不足点を見つける**

　支援が必要な「高齢者」「障害者」「生活保護受給者」を縦に並べ、横に「日常生活支援」「経済的給付」「入所施設」等のサービスを並べます。これにより、実施中のサービスを一覧化し、不足するサービスを見つけられます。

◎**人事評価**

　人事評価は絶対評価と相対評価に分かれますが、絶対評価の低い職員を高い職員よりも、相対評価で上に位置付けるミスを犯してしまう場合があります。このミスを避けるためには、絶対評価の項目である①能力、②執務態度、③業績、さらに④として、①〜③の合計点を職員別にマトリックス図にします。そして、④の高い順に職員を並べれば、ミスを防げます。

10

ガントチャートで
流れ・時間を可視化する

CASE プロジェクトの進捗を管理したいとき

　市の最大イベントである「市民まつり」は、担当する地域振興課の職員はもちろん、全庁的に応援職員を募るとともに、町会・自治会、警察・消防・NPO等の関係機関と連携して実施しています。

　地域振興課に異動したばかりで、作業量が膨大すぎて「誰が、いつまでに、何を行うのか」がよくわかりません。わかりやすくまとめるには、どうしたらよいでしょうか。

役割分担と作業工程を明確化できる

　ガントチャートとは、作業内容を縦軸に、時間を横軸にして、それぞれの作業内容を開始から終了まで線にして示すものです。これにより、「いつまでに、何を行うのか」が明確になります。また、それぞれの作業の担当者・担当部署も付記しておけば、役割分担も明確になります。

　なお、1つの作業内容に対して線を2つ書くこともあります。この場合、上に当初予定を、下に実際の日程を明記すると、当初予定と実際を対比することができ、作業の遅れなども一目瞭然です。

　また、作業の大幅な遅れなどにより、当初予定を抜本的に作り直す必要がある場合は、ガントチャートそのものを書き直しますが、作成日も併せて掲載しておき、「いつ時点の予定なのか」を明示しておきます。

　ガントチャートは、各工程が論理的につながっていることが必要です。それぞれの作業内容の接続や関係が不明瞭だと、「なぜ作業Aの後に、作業Xを行うのか」といった疑問が出てきてしまいます。

ガントチャートの例

＜市民まつりの進捗状況＞

※各項目とも上段が当初予定、下段が実績

	6月	7月	8月	9月	10月
会場予約 （管理係）	予約 6/10 予約				
イベント案 企画 （事業係）	課内決定後、市長報告	6/30 課長了承 7/3 市長了承			
関係機関 連絡 （管理係）		企画送付 7/5 送付			
実行 委員会 （全係）		委員会①	→ 調整期間 委員会②		
			8/3 開催		
市民 まつり （全係）					10/26

「実績」は具体的な日付を記入したほうが明確。予定ではある程度の期間があるが、実際の実施日が後々重要になることもある

市長からイベントの順番について一部変更の指示あり

各係は委員会①で出された課題について検討し、課長の了解を得ること！

作業の進捗に伴う、様々な変化や新たな課題についても工程表に付記することで、広く周知することができる

こんなときも使える！

◎引継ぎ資料

　ガントチャートには、作業工程を「見える化」する効果があります。例えば、異動してきた職員に担当してもらう業務フローをガントチャートにしておけば、前任者は口頭で細かく作業内容を説明しなくてもすみます。

◎年間予定表

　ガントチャートで係や課の年間予定表を作成すれば、各職員が「いつ、何をすべきか」が明確になります。また、「5月は忙しいので、応援体制を組もう」「8月は余裕があるので、積極的に有休を取得しよう」といった予定を立てられます。

面倒くさがり屋のツール

フレームワークを使えば、思考の省力化ができます。問題に直面したとき、イチから考える必要がなくなるのです。

例えば、「会議録を作成して」と言われた場合、最初から自分の頭で構成や内容を考えるのは大変です。しかし、5W1Hを知っていれば、「いつ」「誰が」「どこで」「なぜ」「何を」「どのように」を整理できればいいのだ、と判断することができます。重要なポイントを押さえることができるため、依頼内容から大きく外れることはなくなります。

もちろん、フレームワークは、どんな問題も解決できる魔法のツールではありません。導き出された答えが本当に正しいのかは、私たちが改めて精査する必要があります。数学の公式のように、当てはめれば正解が出てくるものではないからです。その意味では、使う人の能力も問われていると言えるかもしれません。

ところで、私はフレームワークは面倒くさがり屋が考えたツールだと思うことがあります。1つひとつのフレームワークが生まれた背景には、「いちいち、この問題を最初から考えるのは面倒くさい。これ、どうにかならないかな」とか「この現象は、結局こういうことでしょ」という、先人達のぼやきがあるように感じてしまうのです。

何かしらの問題が発生した場合、フレームワークという定型化、パターン化、フォーマット化したツールを使えば、何かしらの解決のヒントが出てきます。これは本当に楽でありがたいことです。先人たちの努力で、このような便利なツールが生まれたのです。「タダでこれを使わせてもらえるなんて、私たちはなんてラッキーなんだ！」と思うのは私だけでしょうか。

第2章

問題解決のアイデアを出す
フレームワーク

フィッシュボーンで要因を可視化する

CASE イベントに人が集まらない理由を解明したいとき

　本市では人権週間に合わせて、啓発のためのイベントを実施しています。しかし、近年は参加者数が少なくなり、空席が目立つようになりました。そこで、人権課の職員で原因について話し合ったところ、「映画や講演がつまらないのではないか」「日時や会場に問題がある」「いや広報が十分でない」など、様々な意見が飛び交いました。どれも一理あると思うのですが、どのように整理すればよいでしょうか。

様々な問題要因を体系化できる

　フィッシュボーンとは、文字どおり、魚の骨を指します。

　問題を魚の頭に置き、様々な問題の要因を魚の骨にして、問題を解決していきます。

　この CASE でいえば、問題は「集客できない」こと。骨となる問題の要因は、①映画や講演などの内容、②日時・会場、③広報活動などに分類できます。また、この要因は細分化することができ、広報活動であればホームページ、SNS、広報紙、ケーブルテレビ、などとさらに分類することが可能となります。

　このように要因を細分化できることから、一番大きな骨（大骨）を「大要因」、その下の中骨を「中要因」、さらにその下の小骨を「小要因」と呼びます。

　こうして詳細に魚の骨を描くことにより、「どこに問題の要因があるのか」を可視化し、関係者で問題の構造を共有し、問題解決につなげます。

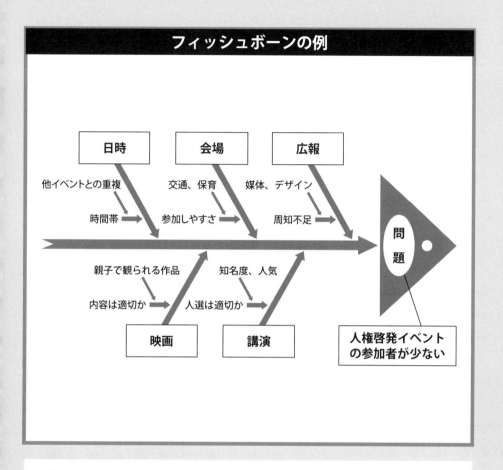

フィッシュボーンの例

日時
　他イベントとの重複
　時間帯

会場
　交通、保育
　参加しやすさ

広報
　媒体、デザイン
　周知不足

親子で観られる作品
内容は適切か
映画

知名度、人気
人選は適切か
講演

問題

人権啓発イベント
の参加者が少ない

◎事件・事故の原因分析

　施設内の事故の原因を解明したい場合、大きくはハード（施設）とソフト（非施設）に分類できます。

　ハードであれば、施設の場所別、定期点検の期間別などに、ソフトであれば、組織体制、職員間の連携、職員の意識などに分類することができます。

◎目標未達の原因分析

　自治体財政の指標の１つである、経常収支比率の適正基準といわれる70〜80％を超えた場合、原因を財政の基本要素である①歳入、②歳出、③基金、④地方債から分析します。

なぜなぜ分析で
原因を深堀りする

CASE 住民からのクレームの根本原因を探りたいとき

　先日、窓口で住民から「給付金の申請期限が過ぎて、申請できなかった。そもそも案内文書がわかりにくい」と叱責されました。確かに案内文書は長文で書かれており、すぐに理解するのは難しいと感じました。担当者に、なぜこのような文書になったのか確認したところ、「当時、係長が不在で、十分検討しないままに送ってしまった」とのことでした。今回のミスの発生原因は根深く、根本的な原因を探る必要があると思うのですが、どうしたらよいでしょうか。

「真の問題」を見つけられる

　表面的な対応では、根本的な解決に至らないような場合に、「なぜ？」を繰り返して、本当の原因を探るのが、「なぜなぜ分析」です。

　この CASE でいえば、住民が怒っていた（なぜ？）→給付金の申請ができなかった（なぜ？）→申請期限を過ぎてしまった（なぜ？）→案内文書がわかりにくい（なぜ？）→文書が長文でわかりにくい（なぜ？）→担当者が十分検討しないまま送ってしまった（なぜ？）→当時、係長が不在だった…のように、原因を追求していくわけです。

　問題の発生原因を深掘りしていくと、「係長が不在でも、文書を十分検討する組織体制ができてなかった」ことが根本原因であると明確になります。単に、担当者個人だけの問題ではなく、組織としての課題であることが判明するわけです。この「なぜ？」は何回繰り返せばよいという決まりはなく、真の原因にたどりついたか否かがポイントになります。

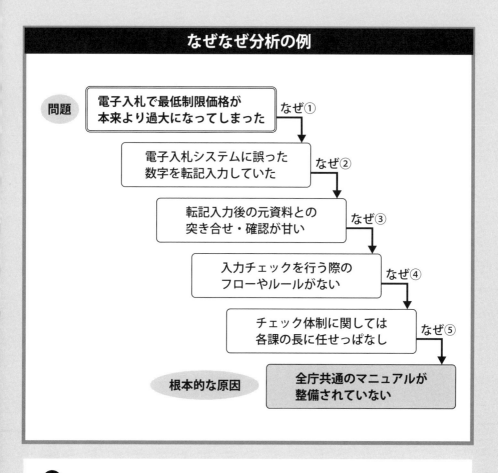

なぜなぜ分析の例

問題　電子入札で最低制限価格が本来より過大になってしまった　なぜ①

電子入札システムに誤った数字を転記入力していた　なぜ②

転記入力後の元資料との突き合せ・確認が甘い　なぜ③

入力チェックを行う際のフローやルールがない　なぜ④

チェック体制に関しては各課の長に任せっぱなし　なぜ⑤

根本的な原因　全庁共通のマニュアルが整備されていない

こんなときも使える！

◎ミスやトラブルの原因分析

　文書・説明の不備をはじめ、手当の誤支給、議会提出資料の誤り、情報システムのトラブル、組織内の連絡体制の不備など、ミス・トラブルの真の原因を探る際に有効です。ただし、なぜなぜ分析の結果、「係長が悪い」など属人的な原因で終わらせてしまっては意味がありません。

◎事業実績不調の原因分析

　融資事業の執行率が低い理由が、「住民からの申請件数が少ないこと」だとすると、なぜ少ないのかを考える必要があります。そして、金融機関の融資制度と比較してメリットが少ない（なぜ？）→金利が変わらない（なぜ？）…のように深掘りしていきます。

03

KJ 法で
グループ化して整理する

CASE　多様な住民の意見を整理したいとき

　毎年実施する市民世論調査では、無作為抽出で選ばれた市民に質問項目に従って回答してもらいます。ただ、最後にある自由意見欄の集計に困っています。市に対する提案もあるのですが、単なるクレームと思えるようなものや、「幸せになりたい！」と意味不明なものまで、様々です。課長から、「自由意見も見やすくまとめてくれ」と言われているのですが、どうしたらよいでしょうか。

様々なアイデアを整理・分類できる

　KJ 法とは、考案者である文化人類学者・川喜田二郎氏のイニシャルから命名された発想法です。大きく以下の 4 つのステップで行います。

①様々な意見・アイデアを付箋に書き出す

②類似した内容の付箋をまとめて、グループ名をつける

③類似したグループを近くに置いたり、グループ間を線で結んだりして図解化する

④グループ化・図解化したものを文章化する

　こうした一連の作業を行うことで、それまでまとまりのなかった付箋が、グループ化されて整理することができます。この CASE でいえば、「福祉」「防災」などの各行政分野別の他、「クレーム」「他の行政機関に関わるもの」「意見として認められないもの」などが考えられます。

　KJ 法は、グループワーク等でもよく活用されます。参加者の意見を集約することで、グループの意見をわかりやすくまとめて発表できます。

KJ 法の例

市の施策への意見・提案

健康・医療
- 大きい病院が
もっと欲しい
- 乳がん検診の
毎年実施
- 偏食の子どもへ
の食育

防災・危機管理
- 防災訓練を
増やしてほしい
- 防災無線が
聞こえない
- 市役所周辺の
街頭設置

交通
- 駅前駐輪場
が少ない
- 歩道の
バリアフリー化
- コミュニティバ
スのルート変更

福祉
- 介護予防の
施設が欲しい
- 敬老の日の
集いは不要
- 高齢者同士の
交流の場づくり

生涯学習
- コミセンに
無料 Wi-Fi を
- 市民会館で
演劇が観たい
- 図書館の開館
時間延長

産業振興
- 商店街がチェー
ン店ばかり
- 高架下の
有効活用を
- 銭湯を復活して
ほしい

こんなときも使える！

◎対応策の検討
　「施設利用者の減少を食い止めるための対応は？」など、係や課で発生した問題への対応策を職員で検討する場合にも有効です。なお、KJ法の活用にあたっては、職員が遠慮してアイデアを言わないのでは建設的な議論になりませんので、気軽に意見できる環境づくりも重要です。

◎新規事業の検討
　課長から「認知症対策として、何か新たな事業ができないだろうか」といった抽象的な課題が提示された場合などにも活用できます。様々な意見を出し合うことで、職員の新規事業への参加意識も醸成されます。

04

仮説思考で
効率的に問題解決を図る

CASE　住民が反対する理由を知りたいとき

　新たに障害者支援施設を整備することになり、住民説明会の前に地元の議員、町会長などに説明へ行きました。積極的な賛成者は少なかったものの、町会長からは「地域住民には、私から話をしておくので大丈夫」とのお言葉もいただきました。しかし、説明会当日、最近転入してきたマンション住民が反対だと言い出しました。実は新旧住民で対立があるらしいのです。今後、どのように対応していくべきでしょうか。

未知の状態でも解決策を導ける

　仮説思考とは、限られた情報から仮の結論（仮説）を設定して、それをもとに検証、修正、実行などを行う思考法です。

　この CASE でいえば、町会長が「大丈夫」と言ったものの、マンション住民から建設反対の意見が飛び出しました。町会長の影響が及んでいないことがわかります。また、「実は新旧住民で対立があるらしい」とあるように、町会派とマンション住民のグループに二分されていることもわかります。このため、マンション住民が反対する理由について仮説を立てます。具体的には、①不動産価格・資産価値の下落への懸念、②事前説明がなかったことに対する市への不信感、③考えを押しつけようとする町会への嫌悪感などが考えられます。

　この仮説に基づき、最も可能性の高いものを選択し、対応を考えます。①ならばマンションの管理組合に懸念に対して説明するなどが考えられます。①の仮説が違うとわかれば、他の②、③の仮説に基づいて行動していきます。

仮説思考の例

マンション住民が
反対している理由は？

❶目的(問い)を押さえる

不動産価格の下落を
懸念しているのでは？

❷目的に対する仮説を考える

**❹分析して仮説を
　確かめる**

管理組合で状況を
説明してみる

❸情報を集める

他のエリアで福祉施設の建設
により近隣マンションの価格
が下落した例はない

こんなときも使える！

◎会議が活性化しない理由を考える

　定例の会議で、いつも議論が深まらない理由について、参加者に直接ヒアリングができない場合に、仮説思考を用います。①資料配付が当日で読み込む時間がない、②開始時刻が遅く参加者がいつも疲労している、③会議の意義が参加者に十分に伝わっていないなど、仮説への対応策を実行します。

◎制度の不具合を見つける

　職員の昇任意欲の低下から、係長試験を廃止し、主任試験のみの制度としたものの、主任試験の受験者数も減ってしまったとします。多くの職員に主任試験を受験してもらうため、様々な仮説を立て、制度を修正します。例えば、試験の負担が重い場合、科目を減らすなどの対応が考えられます。

オズボーンのチェックリストでアイデアを広げる

CASE 大量に余ったボールペンを有効活用したいとき

　市民スポーツまつりを開催したところ、雨天のため、例年よりも参加者が大幅に減少。参加者に配付する記念品（黒赤のボールペンセット）が大量に余ってしまいました。業者に返品することはできるのですが、有効に活用するには、どうしたらよいでしょうか。

アイデアを発展させることができる

　オズボーンのチェックリストとは、9つの問いに答えることで、アイデアを生み出すものです。

①**転用**……他の使い道はないか？

②**応用**……他からアイデアが借りられないか？

③**変更**……変えてみたらどうか？

④**拡大**……大きくしてみたらどうか？

⑤**縮小**……小さくしてみたらどうか？

⑥**代用**……他のもので代用できないか？

⑦**置換**……入れ替えてみたらどうか？

⑧**逆転**……逆にしてみたらどうか？

⑨**結合**……組み合わせてみたらどうか？

　この CASE であれば、「福祉施設に寄付する」「他のイベントの記念品として使ってもらう」「セットをばらして窓口で使う」「保育園に配付して園児のお絵かき用に使ってもらう」などいろいろ考えられます。なお、9つの視点すべてのアイデアが出なくてもかまいません。

オズボーンのチェックリストの例

| キーワード | 広報紙 |

〔転用〕
広告掲載で
収益化を図る

〔応用〕
民間の広報紙の
アイデアを応用する

〔変更〕
広報紙の素材を
変更する

〔拡大〕
広報紙のサイズを
大きくする

〔縮小〕
広報紙のサイズを
小さくする

〔代用〕
広報紙をやめて
ホームページで代用する

〔置換〕
記事の配置を
変える

〔逆転〕
右開きから
左開きに変える

〔結合〕
教育委員会の
広報紙と一緒にする

こんなときも使える！

◎啓発方法を考える

　防災、人権、認知症等に関する住民への意識啓発は重要ですが、前例踏襲では効果的な啓発にならないことがあります。そこで、「他のイベントとセットで行う」「あえて大災害や差別の実情を伝える」「国や都道府県と合同で大規模な防災訓練を行う」などのアイデアを考えます。

◎予算不足への対応

　どうしても予算が不足する場合、「事業の縮小」「他部署で同種の事業を実施してもらう」「他部署予算の執行委任として実施」「既存事業の一部変更」など、様々な対応が考えられます。

マインドマップで
放射状に発想を広げる

CASE 残業をできるだけ減らしたいとき

　働き方改革が叫ばれていますが、職場全体を見渡すと、確かに以前よりも残業している職員は減ったものの、それでも相変わらず残っている人はいます。残業を減らすためのアイデアを考えているのですが、うまく整理する方法はないでしょうか。

思いつくアイデアを拡散できる

　マインドマップとは、文字どおり、頭の中で行う思考のプロセスを「見える化」して、考えを整理するツールです。手順は以下のとおりです。

①紙の中央にトピックを書く

　メインとなるトピックを紙の中央に書く。

②枝（ブランチ）のキーワードを作る

　トピックに関係するキーワードを放射状に書き出し、線で結びます。この線のことを枝（ブランチ）といいます。

③枝の先を作る

　先のキーワードをさらに詳細に分解し、新たなキーワードを書き出します。キーワードは出し切るまで、書き続けます。

④イラストや写真を使用

　キーワードは言葉だけでなく、イラストや写真でもかまいません。

⑤グループ化する

　情報を整理し、グループ化します。

　以上により、多くのアイデアが出るとともに、内容を整理できます。

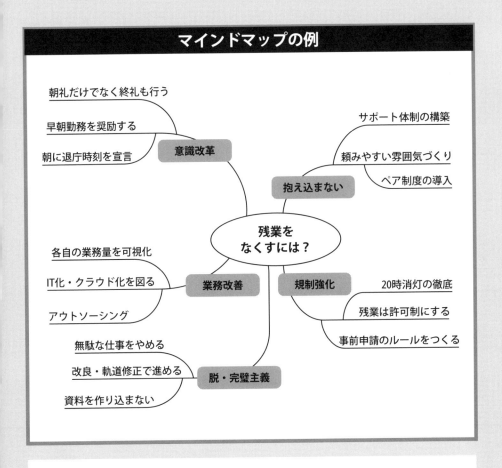

マインドマップの例

- 朝礼だけでなく終礼も行う
- 早朝勤務を奨励する
- 朝に退庁時刻を宣言

意識改革

- サポート体制の構築
- 頼みやすい雰囲気づくり
- ペア制度の導入

抱え込まない

**残業を
なくすには？**

- 各自の業務量を可視化
- IT化・クラウド化を図る
- アウトソーシング

業務改善

規制強化

- 20時消灯の徹底
- 残業は許可制にする
- 事前申請のルールをつくる

- 無駄な仕事をやめる
- 改良・軌道修正で進める
- 資料を作り込まない

脱・完璧主義

こんなときも使える！

◎キャリアプランを考える

　「40代で管理職になること」を目標にした場合、まず「昇任試験に合格する」「上司に認められる仕事をする」「配偶者の理解を得る」など、公私両面で行うべきことをキーワードとします。さらに分解し、「36歳から試験勉強を開始」「通信教育を受講」など、さらに課題を明確化します。

◎問題を整理する

　1つの事象から発生する問題を整理するとき（思考を拡散する場合）にも活用できます。例えば、「親が介護状態になったら、どうするか」であれば、「誰が面倒を見るのか」「費用はどうするか」などの問題が浮かび上がります。このように「…すると、どうなるか？」を考えることにも有効です。

07 マンダラチャートで アイデアを量産する

CASE 今後身につけるべきスキルを知りたいとき

　今後の自分のキャリアを考えると、実務能力はもちろんのこと、部下を持ったときのリーダーシップ、管理職としての政策形成能力やマネジメント力など、いろいろな能力を身につけていく必要があると感じています。しかし、「あれも、これもやらなくては」と焦るばかりで全体像が見通せません。何か良い方法はないでしょうか。

アイデアや思考を深められる

　マンダラチャートは、9×9のマスを埋めて、アイデアを出したり、思考を深めたりする手法です。手順は、以下のとおりです。

①テーマを中心に書き、それに関連する事項8つを周囲に書く

　マスの中心に、テーマや実現したいことを書きます。このマスは9×9の中心ですが、これを囲む8つのマスにテーマに関連することを書き出します。すると、中央の3×3のマスが埋まります。

②8マスに書いたことを、それぞれ3×3のマスの中央に書く

　9×9のマスを3×3のマスで分解すると、左上、中央上、右上、左横、中央、右横、左下、中央下、右下の9つになります。先の中心の周囲8つの内容を、それぞれ左上、中央上…と中央以外の3×3のマスの中央に書きます。

③残りのマスを埋める

　先と同様に、中央に書かれたことに関連した内容を、周囲8マスに書きます。これにより、最初のテーマがより具体化されます。

マンダラチャートの例

論文の勉強をする	スキマ時間を活用する	書店で参考書を探す
択一で80点とる	昇任試験に合格する	マネジメント力を磨く
模擬面接を受ける	今の部署で結果を残す	合格者に話を聞く

語学を学ぶ	自己啓発に努める	昇任試験に合格する
教養を磨く	キャリアデザイン	自主研を継続する
地域活動に注力	PTA活動に取り組む	余暇を充実させる

こんなときも使える！

◎自分の目標や理想を実現するための手段を知る

　マンダラチャートは、自分の目標や理想を実現するために、具体的に何をしたらよいのかを教えてくれます。他人に見せるわけではないので、自分で楽しみながら書くことができ、思わぬ発見にもつながります。

◎組織目標実現のための手段を知る

　「施設内の事故をゼロにする」のような目標であれば、①施設の点検、②利用者への周知、③職員の意識、④地震時の対応…などを関連事項とし、さらにそれらについて内容を深めていきます。これにより、「事故ゼロのために何をすべきか」が明確になり、全体像を明らかにできます。職員への意識付けとして、マンダラチャートを職場に張り出しておくことも有効です。

08

ブレインストーミングで
アイデアを生み出す

CASE 効果的な情報発信の方策を考えたいとき

　新型コロナウイルス感染症のため、シビックセンターの運営に影響が出ました。臨時休館、開館時間の変更、講座の中止や延期、ホールへの入場者数の制限など、国や県からの通知や市内の感染状況により、日々運営状況が異なってくるのです。

　ホームページには、その都度情報を掲載していますが、講座の講師や施設予約者には、個別で伝える必要もあります。どうしたら効果的な情報発信ができるか、悩んでいます。

グループでアイデアを拡散・発展できる

　ブレインストーミング（ブレスト）は、5〜10名程度のメンバーで互いにアイデアを出し合い、発想を広げて、少しでも有益なアイデアを拾い上げようとするものです。実施にあたっては、次の4原則があります。

①アイデアの判断・批判はしない

　発言しやすい雰囲気をつくるため、アイデアに「良い・悪い」の判断や批判は行いません。判断・結論は、ブレスト後に行います。

②自由奔放な意見を歓迎する

　斬新・奇抜な考え方やユニークなアイデアを重視します。

③質よりも量を重視する

　まとまっていなくても、多くのアイデアが出ることを重視します。

④アイデアの結合と発展

　アイデアを結合・発展させて、さらなるアイデアが生まれます。また、他人のアイデアに便乗することが推奨されます。

ブレインストーミングの例

1 批判厳禁

相手のアイデアを批判したり、評価したりしない

2 突飛さ歓迎

自由奔放に、ユニークなアイデアを出し合う

3 質より量

質にこだわらず、できるだけ多くの発言・アイデアを

4 便乗OK

他者のアイデアをヒントに結合・発展させる

こんなときも使える！

◎係会での活用

定期的な報告や事務連絡が多い係会ですが、ブレストの時間を意識的につくると、活性化につながります。しかし、あえて「ブレストをしよう」と言うと、係員も身構えてしまいます。「課長に○○と言われてるんだけど、どうすればよいかな」と何気なく話題提供すると、自然な流れで実施できます。

◎職員提案制度への応募

グループで職員提案制度に応募しようとする場合に、そのテーマや提案内容の選定に活用できます。例えば、部署が異なる職員同士であれば、それぞれの部署が抱える課題や、日頃感じている疑問点などを出し合います。その上で、共通する課題を抽出し、提案内容をまとめていきます。

09 フェルミ推定で 論理的に推論・概算する

CASE データのないものを予測したいとき

　8050問題に対応するため、対象世帯に保健師や社会福祉士などの専門職を派遣する新規事業を考え、予算要求しました。しかし、財政課の担当者からは「そもそも対象世帯は何世帯なのかがわからないと、査定できない」と言われてしまいました。実は、対象世帯数を調査したことはなく、要求額も明確な根拠を持たないまま、担当者の感覚で見積もってしまったのです。財政課を納得させる良い方法はないでしょうか。

無理と思われるような問題も解くことができる

　フェルミ推定とは、特定や調査ができない数を、論理的に推論して概算するものです。有名な例として知られる、「アメリカのシカゴには何人のピアノ調律師がいるのか」であれば、以下のように数値を仮定します。

　①シカゴの人口は300万人、②シカゴでは、１世帯あたりの人数が平均３人程度、③10世帯に１台の割合でピアノを保有、④ピアノ１台の調律は平均して１年に１回行う、⑤調律師が１日に調律するピアノの台数は３台、⑥調律師は週休２日で、年間に約250日働く。

　次に計算を行い、①世帯数は、300万÷３＝100万世帯程度、②ピアノの総数は、100万÷10＝10万台程度、③ピアノの調律は、年間に10万件程度行われる、④それに対し、１人のピアノの調律師は１年間に250×３＝750台程度を調律する、⑤よって調律師の人数は10万÷750＝130人程度と推定される、と結論付けます。

　なお、フェルミ推定では前提等の違いで、結果が大きく変わります。

フェルミ推定の例

STEP1　前提を確認し、仮説を立てる

STEP2　問題を分解する

STEP3　既にあるデータを確認する

STEP4　各要素の数値を推定する

STEP5　計算する

こんなときも使える！

◎**予算要求の根拠**

　CASE のように、実際には特定できない数値について、財政課を納得させるためにフェルミ推定を活用します。この例ならば、他市などで対象世帯数を実態調査していれば、世帯数に対する出現率がわかります。これを用いて、自分の市の世帯数にかければ算出できます。

◎**議会答弁対策**

　議会で、調査したことのないデータについて質問され、答弁しなければならないときがあります。「調査しておらず、わかりません」では、「およその数も算出していないのか！」と追求されてしまいます。こうした場合も、「あくまで 1 つの考え方ですが」と前置きして、フェルミ推定を活用できます。

10

ワラスの 4 段階で
創造的な発想を生む

CASE **新規事業や事務改善の策を考えたいとき**

　企画課は、課名とは異なり、実際には事業課から出てきたものを調整することがほとんどです。しかし、この 4 月に赴任した企画課長は「企画課なのだから、企画しなくてはダメだ」と言い、職員に新規事業や事務改善の案を最低 1 つは考えるよう指示がありました。全く思いつかないまま、締切りが迫っているのですが、どうしたらよいでしょうか。

アイデアが生まれるプロセスがわかる

　ワラスの 4 段階とは、創造的なアイデアを発想する思考のプロセスには 4 つの段階があるとする説です。具体的には、以下のとおりです。

①準備段階

　創造性を生むための準備段階。精神的準備（達成すべき目標や解決すべき問題の設定）と物理的準備（必要な情報収集）の 2 つがあります。

②ふ化・あたため段階

　行き詰まりや停滞感を覚えてしまうため、いったん問題から離れてみます。気分転換や気晴らしなどして、ひらめきがくるのを待ちます。

③啓示・ひらめき段階

　意識的に問題から離れている中で、突然、創造的な解決策が降ってくる段階。「天の啓示」や「アハ体験」と呼ばれることもあります。

④検証段階

　アイデアが本当に正しいのか、実際に有効なものとして通用するか、冷静かつ論理的に検証し、具体化する段階。

ワラスの4段階の例

収束

| 準備期 | 課題の焦点を絞り、役立ちそうな知識・情報を収集・整理して集中的に解決策を考える |

拡散

| あたため（孵化）期 | 行き詰ったところで問題から離れてみる。考えが熟して自然に出てくるのを待つ |

| ひらめき（啓示）期 | 前触れなく、何かの拍子にアイデア・イメージが浮かぶ。直感がひらめく |

収束

| 検証期 | アイデアが実際に有効なものかどうか、評価・検証・修正し、具体化する |

POINT❶
準備期での試行錯誤をやればやるほど、あたため期での無意識的思考が大きく働く

POINT❷
自分がどの段階にあるのかがわかれば、意識的に次の段階に進むこともできる

こんなときも使える！

◎緊急でないが重要な課題

　担当業務は緊急性と重要性で4つに区分できますが、大事なのは「緊急ではないが重要な課題」への対応です。これは、時間的余裕があるものの、じっくり腰を据えて対応しなければなりません。CASEの場合も同様です。できるだけ、早めに準備段階に入ることが必要となります。

◎長期的課題への対応

　「いつかは解決しなければならない課題だが、今慌てて着手する必要がない」という長期的課題は公私両面に存在します。公であれば昇任、キャリアプラン、私であれば金銭、親の介護などです。これらの問題も放置せず、早めに準備すれば、より良いアイデアを見つけられます。

意識しなければ、行動できない

　フレームワークに関する有名なエピソードの1つは、メジャーリーガーの大谷翔平選手が、高校時代にマンダラチャートを活用していたことでしょう。

　大谷選手は、高校1年生のときに「ドラフト1位　8球団」を目標にして、マンダラチャートを作成しています。目標実現のために必要な項目として、①体づくり、②コントロール、③キレ、④スピード160km／h、⑤変化球、⑥運、⑦人間性、⑧メンタルの8つを掲げ、さらにそれぞれについて、その実現のために必要な8項目を挙げています。

　その中には、「柔軟性」「体幹強化」などの野球に直接結びつくものも含まれますが、⑥運の中には、「ゴミ拾い」「本を読む」「あいさつ」など、野球とは直接結びつかない内容もあります。大谷選手が高校1年生のときに、「8球団のドラフト1位に指名されるためには、運をつかむことが必要であり、そのためにはゴミ拾いが必要だ」という認識を持っていたことがわかります。

　このような発想に至ることができたのは、マンダラチャートで大目標を細分化し、言語化したからでしょう。言語化しなければ、人は意識することもなく、行動もできません。頭の中だけで考えても、「8球団にドラフト1位で指名されるには、ゴミ拾いが必要だ」とは思いつかないでしょう。このように考えると、「何を意識して生きるのか」がとても重要であることがわかります。

　先日、病気になり、長期の休みを余儀なくされた同僚が「日々の業務や生活ばかりに目を奪われて、本当に大事なことが何なのかを見落としていた」とこぼしていました。皆さんはいかがでしょうか。

第3章

組織の効率を高める
フレームワーク

SMARTで
目標の質を高める

CASE 成果につながる組織目標を考えたいとき

　年度当初は、係の組織目標の設定でいつも悩んでしまいます。これまで係長として、「さらなる住民サービスの向上」「職場の安全管理」「自己啓発に努める」などの目標を提示してきました。しかし、年度末に係員の実績を課長に報告すると、「本当に成果につながっているのか、よくわからない」と言われてしまいます。組織目標はどのように設定すればよいのでしょうか。

曖昧な目標設定を避けることができる

　SMARTとは、目標をできるだけ具体的にして実現可能性を高めるもので、次の5つの指標を指します。

① Specific（具体的に）

　抽象的・表面的な目標では、目標の意味や効果がありません。

② Measurable（測定可能な）

　金額、回数、割合など、測定可能な数値を用います。

③ Achievable（達成可能な）

　実現不可能な無謀な目標ではなく、達成可能なものとします。

④ Related（目標に関連した）

　組織全体や部署の目標とも関連しているものとします。

⑤ Time-bound（時間制約がある）

　いつまでに実現するのか、期限を明示します。

SMART の例

S **Specific**（具体的に） ❯ ごみ出しのルール変更の周知

M **Measurable**（測定可能な） ❯ 5回の住民説明会を開催

A **Achievable**（達成可能な） ❯ 係内で協力体制を構築

R **Related**（目標に関連した） ❯ 持続可能な社会の構築に関連

T **Time-bound**（時間制約がある） ❯ 年内中

こんなときも使える！

◎組織目標の設定

単に「職場の安全管理」ではなく、「金庫の鍵の閉め忘れなどの事故をゼロにする」と数値化を意識して言い換えると、より具体的になります。この他、有給休暇の取得率向上、超過勤務実績の前年度比減等にも活用できます。

◎個人目標の設定

一般的に、個人目標は、組織目標をブレイクダウンして設定するため、組織目標が SMART に基づいていれば、個人目標も連動できます。組織目標が SMART に基づいていない場合も、個人目標で意識すれば、明確に成果を上司に報告できます。また、目標設定にあたり、実際にどんな成果になるのかも考慮します。SMART を使うことで、毎年度の目標設定で悩まずにすみます。

02

バリューグラフで住民サービスを見直す

CASE　保育園の入園事務を見直したいとき

　近年、待機児童問題は収まってきましたが、今でも保育園の入園事務は激務です。現在、市では申請書の記入漏れや書類不足などで事務が煩雑にならないように、職員がその場で書類を確認した上で、申請書を受理しています。

　しかし、一人ひとりの対応に時間を要するため、毎年、受付会場では、多くの市民が待っている状態です。このため、郵送申請なども検討したらと課長は言うのですが、「二度手間になる！」と職員からは強い反対があります。

　このまま、受付事務を見直さなくてもよいのでしょうか。

思い込みを捨て、新たな発想ができる

　バリューグラフは「これしかない」という思い込みを見直し、改めてサービスやアイデアの目的や内容を整理するには有効な方法です。

　CASE では、対面受付が絶対視されています。おそらく「書類不足や記入漏れをなくし、確実に申請書を受け付けること」が目的と考えているからでしょう。しかし、対面受付以外では不可能なのでしょうか。

　現在は不可能かもしれませんが、オンラインで申請書のチェックができれば、電子申請もいずれは可能かもしれません。また、郵送申請もチェックシートなどがあれば、書類の添付漏れを抑えられるはずです。

　このように目的や手段を構造化していけば、思い込みから離れることができます。視野を広げることができれば、新たなアイデアが発見できます。

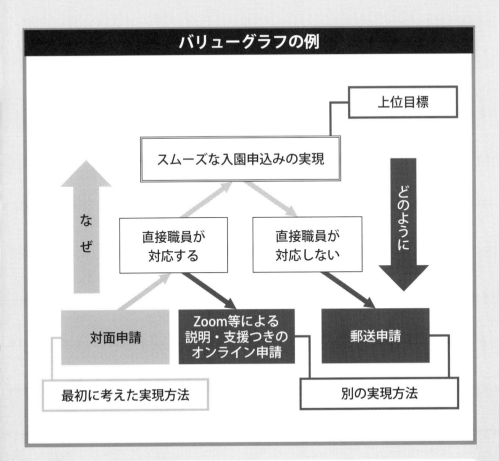

バリューグラフの例

上位目標

スムーズな入園申込みの実現

なぜ

どのように

直接職員が対応する

直接職員が対応しない

対面申請

Zoom等による説明・支援つきのオンライン申請

郵送申請

最初に考えた実現方法

別の実現方法

こんなときも使える！

◎代替事業を考える

　財政状況の悪化等の環境の変化により、既存事業を見直すことがあります。この際、既存事業にはどのような目的があるのか、バリューグラフで構造化し、事業の目的を確認します。その上で、同じ目的で代替事業を検討します。

◎事業効果を考える

　長年、同様の事業を実施していると、前例踏襲になりがちです。事業開始時には効果が高かったものも、時間とともに低くなってしまうことも少なくありません。

　ひどい場合には、利害関係者の既得権益化していることもあります。再度、事業効果を見直す場合にも活用できます。

03 OKRで組織・個人の目標を設定する

CASE 効果的な目標を考えたいとき

　係長から、今年度の個人目標を決めて提出するように指示がありました。毎年度実施しているものの、正直なところ、何のためにこの目標を設定しているのかよくわかりません。「目標設定の際の参考にするように」と、一緒に部・課・係の目標も渡されるのですが、内容がみなバラバラです。

　こうなると、目標とは単に形式的なものと思わざるをえないのですが、これでよいのでしょうか。

目標実現の可能性を高められる

　OKRとは、目標（Objectives）と目標達成のための主要な成果（Key Results）を指します。目標が組織全体・各部署・個人の各段階で結びつくことで体系化し、また全体で共有します。各段階でO（目標）とKR（主な成果）が設定されます。

　O（目標）は、定性的な目標として、抽象的・内面的な表現になります。例えば、「住民が感動するサービスを提供しよう」などです。組織全体の意識を高め、全員がワクワクするような高い目標とします。目標期間は1〜3か月です。KR（主な成果）は、定量的な（数値化された）目標です。1つのOに対し、2〜5つ程度のKRを設定します。

　OもKRも「難しいが不可能ではない」ものとし、60〜70％程度達成できれば成功とします。なお、達成度は採点され、KRは0〜1もしくは％で示され、KRの平均値がOの点数となります。

OKR の例

総務部OKR

| Objective | ○職員個人と組織の能力向上
○ワーク・ライフ・バランスの実現 |

| Key Result | ○高ストレス者の割合を 5 ％以下に
○時間外勤務の平準化 |

職員課OKR

| Objective | 健康職場づくりの支援 |

| Key Result | メンタルヘルス研修の実施回数 |

| Objective | 時間外勤務者数の削減推進 |

| Key Result | 時差勤務利用者数（延べ人数） |

個人OKR

| Objective | Objective | Objective | Objective |

| Key Result | Key Result | Key Result | Key Result |

こんなときも使える！

◎加点主義のツール

　OKR の個人の積極的な行動を促すという点では、加点主義のツールとして活用できます。現在の人事評価における目標管理では、「60～70%程度達成できれば成功」とは考えません。このため、係単位など小さな組織単位で、OKR の考え方を活用するのも１つの方法です。

◎コミュニケーションツール

　人事評価は、基本的に１年間単位で行われ、年度当初の目標が年度途中に見直されることは稀です。しかし、OKR をコミュニケーションツールと捉え、年に数回、進捗状況を共有すれば、より組織の成果を高めることができます。

ハインリッヒの法則で ヒヤリハットを放置しない

CASE 事故やトラブルを未然に防ぎたいとき

　先日、勤務する幼稚園で事故がありました。複数の園児たちがシーソーで遊んでいたのですが、勢いよく地面に着いた瞬間に、1人の園児が放り出されて、頭を打ってしまったのです。

　慌てて病院に連れていきましたが、幸い軽傷で済みました。その後の会議で、園長は「職員の意識の徹底を」と言うのですが、口先だけで根本的な解決になっていないように思うのです。どのように考えたらよいでしょうか。

小さな気づきで重大な事故を防げる

　ハインリッヒの法則とは、労働災害に関連して発表されたもので、1件の重大事故の裏には29件の軽微な事故があり、さらにその裏には300件の異常、つまりヒヤリハット（ヒヤリとしたり、ハッとしたりする危険な状態）があるとするものです。「1：29：300の法則」ともいいます。

　職場で発生した事故は、たまたまその事故が表に出てきたに過ぎず、実は、その事故が発生する下地は以前からあることは少なくありません。

　本来であれば、この事故が発生する前に、そうした兆候に気づいて、いち早く対応することが求められます。しかし、実態としては、事故が発生してからようやく対応することが多いわけです。

　事故を未然に防ぐには、そもそもヒヤリハットが起きないようにすることが重要です。また、もしヒヤリハットが発生した場合には、確実に情報を把握し、できるだけ早く的確な対策を講じることが必要です。日頃からヒヤリハットに敏感になり、事故防止につなげる意識が大切です。

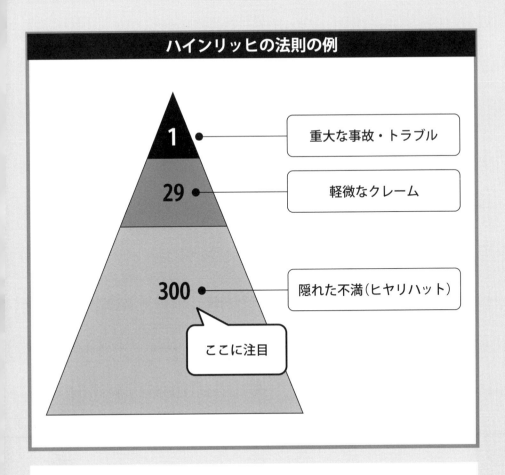

ハインリッヒの法則の例

- **1** — 重大な事故・トラブル
- **29** — 軽微なクレーム
- **300** — 隠れた不満(ヒヤリハット)

ここに注目

こんなときも使える!

◎住民とのトラブル

　ハインリッヒの法則は、事故だけでなく顧客対応にも応用されます。1件の重大な事故・トラブルの裏には、29件の軽微なクレームがあり、さらにその裏には300件の顧客の不満があるのです。住民対応でも、小さなトラブル、広聴部門に寄せられるクレームがあれば、背景を考える必要があります。

◎職場のコンプライアンス

　書類の改ざん、通勤手当の不正受給など、職員のコンプライアンスにも、ハインリッヒの法則は応用されます。住民の信頼を損なうような、1件のコンプライアンス違反の背後には、不祥事の芽となる多数のヒヤリハットが隠されていると考えます。

ギャップ分析で
理想と現実の差に目を向ける

CASE　プロジェクトチームの成果を高めたいとき

　市長交代により、新たな基本構想の策定に着手することになりました。その1つとして、全庁的に若手職員を集めて5つのプロジェクトチーム（PT）を編成し、市長等の首脳部に政策提言を行うこととなりました。

　様々な部署から職員が集められたものの、やる気のある職員ばかりではなく、面倒なことはしたくないという職員もいてバラバラです。PTとしてまとまるには、どうしたらよいでしょうか。

理想実現のための具体的方法がわかる

　ギャップ分析とは、現実（As is）と理想（To be）の差（ギャップ）である「問題」を明らかにしようとするものです。

　一見すれば、この理想と現実の差を埋めるのは、当然のように思えます。しかし、実際には、その差が見えづらかったり、わかりにくかったりすることが少なくありません。また、そもそも現実と理想をきちんと把握できているのかという問題もあります。

　CASEでいえば、目的は政策提言ですが、「とにかく提出できればよい」レベルなのか、「できる限り良い内容にする」レベルなのかで、目的は大きく異なります。モチベーションの高い職員も低い職員もいる中で、PTとしてはどこを目指すのか、明らかにする必要があります。

　そのためには、各メンバーがどのように考えているのか、現実を理解することが必要です。こうして理想と現実をメンバーが共有できれば、実現のための具体的方法が明らかになります。

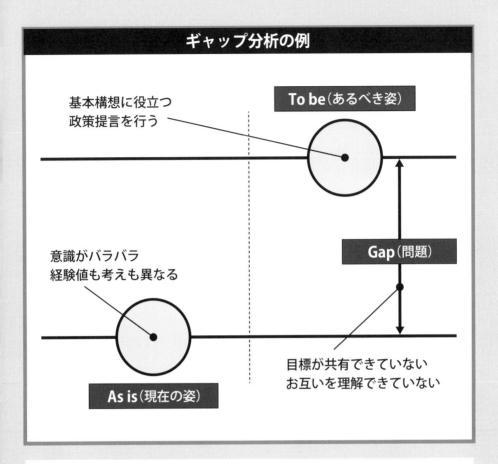

ギャップ分析の例

基本構想に役立つ
政策提言を行う

To be（あるべき姿）

意識がバラバラ
経験値も考えも異なる

Gap（問題）

As is（現在の姿）

目標が共有できていない
お互いを理解できていない

こんなときも使える！

◎**目標の進捗管理**

　年度当初の目標であっても、状況の変化に伴い、やり方を変えないと達成できないことがあります。「係の残業を減らす」でも、係員が病気になったり、災害が起きたりすれば変更が必要です。このように、絶えず現実と理想、およびその差を把握することで、目標の進捗管理が可能となります。

◎**行政計画の実効性を高める**

　「スポーツができる環境の整備」という抽象的な計画を掲げても、実際に何を行うのかはわかりません。実効性を高めるため、ギャップ分析で問題を明らかにします。なお、分析で導かれた課題に対し、実現可能な解決策だけで考えると、結果的に効果的でない策になる場合があるため、注意が必要です。

06 SWOT分析で強み・弱みを把握する

CASE 効果的な事業を打ち出したいとき

　新型コロナウイルス感染症の影響で観光客が大幅に落ち込んでおり、市内の観光業は非常に厳しい状況です。もともと、市で有名なものは温泉くらいで、最近ではあまり有名でないマンガの舞台とされたくらいです。課長は、「何か新しい取組みを考えよう」と言うのですが、どう考えたらよいか、検討もつきません。

状況を客観的に分析できる

　SWOT分析とは、組織における強み（Strength）と弱み（Weakness）、組織を取り巻く機会（Opportunity）と脅威（Threat）を明らかにして、今後の戦略を考えるものです。4つの頭文字から、SWOT分析といいます。

　内部環境である強み・弱みとしては、経営資源であるヒト・モノ（サービス）・カネ・情報の他、ブランド力、組織力、組織風土などがあります。外部環境である機会と脅威としては、景気、法令などの規制、災害、流行などがあります。

　このCASEの場合、脅威としては旅行客の減少、景気低迷、人口減少などが、機会としてはインバウンド機運、新型コロナ収束後の旅行ニーズの高まりなどが考えられます。また、強みは温泉の他、マンガの舞台となったこと、弱みは人口減少に伴う財政力の低下などが指摘できます。

　このように、4つの面から組織内外の状況を見据えた上で、今後の観光事業の展開を考えます。そうすると、例えば、海外向けに動画でのPR、マンガとのコラボなどの新たな展開が見えてきます。

SWOT 分析の例

	強み（Strength）	弱み（Weakness）
	○市内で活動する NPO 法人の増加 ○医療機関・介護施設等の集積	○自治会加入率の低下 ○世帯人数の減少 ○防災体制のさらなる強化の必要性
機会（Opportunity） ○市民活動の高まり ○アクティブ・シニアの増加 ○価値観の多様化	**強み×機会** 〔強みで機会を活かす取組み〕 ◎高齢世代の積極的な社会参加の促進 ◎地域マネジメントの推進	**弱み×機会** 〔弱みを克服して機会を逃さない取組み〕 ◎まちづくりの担い手となる人材の発掘・育成 ◎地域活動の主体同士の連携強化
脅威（Threat） ○人口減少・少子高齢化 ○核家族の進展 ○高齢単身世帯の増加 ○要介護者の増加	**強み×脅威** 〔強みで脅威を克服する取組み〕 ◎子育てしやすい環境づくり ◎市民の孤立を防ぐための支援の充実	**弱み×脅威** 〔弱み・脅威による影響を避ける取組み〕 ◎自主防災組織の結成促進・支援 ◎避難場所と環境整備

こんなときも使える！

◎市のブランディングを考える

　行政は、地域振興、福祉、まちづくり、教育など、各分野にわたり均質的に施策を行うため、どの自治体の施策も総花的です。行政の役割上、仕方ない面もありますが、「住民から選ばれる自治体」を目指し、「○○市といえば、これ！」というようなブランディングを考える際は、SWOT 分析が有効です。

◎組織の方向性を考える

　今後の組織の方向性を考えるためにも、SWOT 分析は活用できます。例えば、自分の係の強みや弱みを分析し、課内における他の係との関係から機会や脅威を分析すれば、係の方向性が見えてきます。

マズローの欲求5段階説でやる気を引き出す

CASE 部下のモチベーションを引き出したいとき

　部下の主任は、目立たないながらも、とても正確な仕事をしてくれます。係長の私としては、もっと活躍してほしいと思うのですが、控えめな性格で「私なんて、たいしたことありません」と言うばかりです。主任のやる気をさらに引き出すには、どうしたらよいでしょうか。

人材育成の具体的方法がわかる

　マズローの欲求5段階説とは、人間の欲求には5段階あり、低い欲求が満たされれば、高い欲求が満たしたくなるというものです。具体的には、欲求の低い順から高い順は、以下のとおりとなります。

①生理的欲求…生きるために必要な食欲、睡眠欲など本能的な欲求

②安全欲求…健康、治安が良いなど、安全・安心な暮らしへの欲求

③社会的欲求…家庭や会社などの集団への帰属や愛情を求める欲求

④承認欲求…他人に認められたい、尊敬されたい欲求

⑤自己実現欲求…自分の能力を発揮し、「あるべき自分」になりたい欲求

　この CASE の主任は、優秀な一方、目立たない存在です。もっと活躍できるはずですが、自己評価が低く、十分に能力が発揮されていません。

　そこで、担当案件について係会で説明させたり、課長に直接報告する場を設けたりして、なるべく人前に出るような機会をつくります。その上で、「わかりやすい説明だったよ」と係長から直接伝えたり、他の人からの評価を聞いたりすることで、④の承認欲求が刺激されます。これにより、低い自己評価から脱して、積極的な行動につなげることができます。

マズローの欲求5段階説の例

欲求段階に応じた人事施策を展開する

自己実現欲求
あるべき自分になりたい

> 庁内FA制度、異動希望調査、キャリアデザイン研修

承認欲求
ほめられたい・認められたい

> 職員表彰、職場面談

社会的欲求
集団に属したい・仲間が欲しい

> 懇親会、庁内報、部活動

安全欲求
安全・安心な暮らしがしたい

> 終身雇用、休暇制度、労働安全衛生の確保、福利厚生

生理的欲求
食べたい・寝たい

> 人事委員会による給与勧告、ワーク・ライフ・バランス

こんなときも使える！

◎新人職員の育成

　新人が職場に慣れるには時間がかかります。「係長や他の係員に受け入れられている」と感じることができなければ、いつまでも緊張は解けません。このため、係長としては社会的欲求を満たす必要があります。その後、承認欲求、自己実現欲求が満たされるように、育成していくことが求められます。

◎自己実現から異動先を考える

　異動を考える際、「児童と教育は嫌だから、残りで希望先を考える」のか、「福祉分野を極めたいので、一度は障害分野を希望しよう」と考えるのかでキャリアプランは大きく変わります。自己実現は重要な視点です。

ピラミッドストラクチャーで主張・根拠を整理する

CASE 根拠を示して予算要求を通したいとき

　児童課が2年に1度作成する「子育てガイドブック」について、前回と同額の予算要求を行ったところ、財政課の担当者からは「同額の理由は？」と聞かれました。市内の児童人口はここ数年変わっていないため、前回と同様の要求額にしたのですが、「それでは、根拠が曖昧だ」と言うのです。どのように説得すれば、納得してもらえるでしょうか。

明確な根拠で相手を納得させられる

　ピラミッドストラクチャーは、相手に納得してもらうための手法です。相手に訴えたい「主張」をピラミッドの頂点に置き、その下に「なぜ、そうなの？」とつっこみを入れて、「主張」の「根拠」を複数置きます。それぞれの「根拠」の下には、さらに「なぜ、そうなの？」とつっこみを入れて「根拠」の「根拠」を複数置きます。

　このような作業を繰り返すことで、「主張」を裏付ける「根拠」がピラミッド型になり、論理的な構造となります。ピラミッドが完成すれば、今度は底辺から「だから、何？」とつっこみを入れ、一段高い「根拠」もしくは最後の「主張」が妥当であるかを検証します。これにより、上から下、下から上も論理構造になっていることが確認でき、「根拠がない」「論理的飛躍だ」などの批判を避けることができます。

　このCASEであれば、前回の配布数や今回の配布対象世帯数を示すのはもちろんのこと、前回と今回の違いは何か、今回の配布対象数の理由は何かなど、さらに「根拠」の「根拠」も理論武装しておく必要があります。

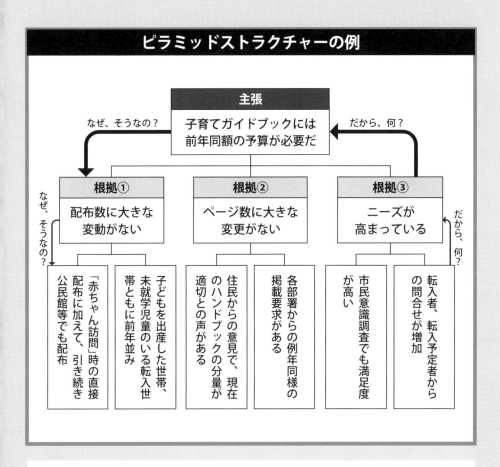

ピラミッドストラクチャーの例

主張
子育てガイドブックには前年同額の予算が必要だ

なぜ、そうなの？　だから、何？

根拠①
配布数に大きな変動がない

根拠②
ページ数に大きな変更がない

根拠③
ニーズが高まっている

なぜ、そうなの？　だから、何？

- 「赤ちゃん訪問」時の直接配布に加えて、引き続き公民館等でも配布
- 子どもを出産した世帯、未就学児童のいる転入世帯ともに前年並み
- 住民からの意見で、現在のハンドブックの分量が適切との声がある
- 各部署からの例年同様の掲載要求がある
- 市民意識調査でも満足度が高い
- 転入者、転入予定者からの問合せが増加

こんなときも使える！

◎**数値を活用する**

予算要求では、客観的な根拠がなければ、財政課担当者は財政課長に査定理由を説明できません。そこで、市民世論調査の結果、事業の実績件数、予算の執行率など、統計やデータに基づく客観的な数値が根拠となります。

◎**予算要求が通らないデメリットを共有してもらう**

ピラミッドストラクチャーは「なぜ必要か？」の体系であり、「不要と判断した場合、なぜ困るか」までは示せません。そこで、ピラミッドストラクチャーとともに「不要と判断した場合、クレームがくる可能性もある」と財政課に釘を刺しておくと効果的です。

OARR で会議の
目的・運営方法を明確化する

CASE　無駄な会議を見直したいとき

　役所の会議では、本当に議論して何かを決定することは、実際にはあまりありません。ただ開催することに意味があるような、形式的な会議が多いのが事実です。積極的に議論し、実のある会議にするためには、どのような点に注意すればよいでしょうか。

確実に会議の成果を上げられる

　OARR（オール）とは、円滑な会議・ミーティングをするために、明確にしておくべき4つの事項をいいます。具体的には以下のとおりです。

① Outcome（目標・成果物）

　会議に求める成果は何か、また、そのために参加者の意識はどうあるべきかを考えます。

② Agenda（検討課題）

　会議の議題、スケジュール等を資料配付などで周知します。

③ Role（役割）

　会議における役割（司会、書記、議題の説明者など）を明確にします。

④ Rule（ルール）

　発言の順番、司会者の進行に従うなど、会議におけるルールを参加者全員が認識します。

　このように OARR を参加者が意識することで、参加者が大人数であっても、円滑で実のある会議を進行することができます。会議の主催者（事務局）はこうした点に注意して、会議の準備を行います。

OARR の例

Outcome （目標・成果物）	本日の会議で、地区まつりの内容を すべて決定する
Agenda （検討課題）	1 オープニングセレモニーの内容 2 イベントについて 3 町会との調整事項
Role （役割）	司会 山本係長 書記 長谷川主任
Rule （ルール）	1 各係長が順番に発言 2 意見が分かれた場合は多数決

こんなときも使える！

◎資料の事前配付

　会議の場で、当日初めて資料を見るのでは、十分な議論は難しくなります。たとえ会議前日でも、出席者に資料を配付しておいたほうが、出席者にとってもありがたいでしょう。また、事前の資料配付にあわせ、会議でポイントとなりそうな点などを事務局が示しておくと、よりわかりやすくなります。

◎事前の根回し

　会議の紛糾を避けるため、事務局から、特定の出席者に「会議で○○と発言してほしい」と事前に根回しして、特定の役割を依頼することがあります。

　また、初めての会議で座長などを選出する際に、推薦者を発言してもらうような場合にも、事前に特定の参加者に依頼することもあります。

10

ECRS で
業務を改善する

CASE　融資事業の手順を見直したいとき

　事業者への融資事業を担当しています。手順としては、まず市役所での相談予約を取ってもらい、融資の可否を判断するため、経営状況等を伺います。融資の可能性がある場合は、必要な書類を揃えて再度来庁してもらい、申請となります。このように、現状は事業者に 2 回来庁してもらう必要があるのですが、事業者の負担を軽減できないでしょうか。

業務改善の具体的方法がわかる

　ECRS（イクルス）とは、業務プロセスを改善するための 4 つの視点を指します。具体的には、以下のとおりです。

① Eliminate（排除）：なくせないか？

　業務の目的を見直し、不要な業務、なくしても問題ない業務を考えます。

② Combine（結合）：一緒にできないか？

　複数の業務を、同時に処理できないかを考えます。

③ Rearrange（交換）：変更できないか？

　業務の過程や方法を変更し、効率化できないかを考えます。

④ Simplify（簡素化）：単純化できないか？

　業務の内容を簡素化・単純化して、負担を軽減できないかを考えます。

　この CASE であれば、「相談と申請を一度にできるようにする」「オンライン相談・郵送申請も可能とする」などとすれば、事業者だけでなく、職員の負担軽減にもつながります。

ECRS の例

Eliminate
排除

- 必要書類を見直し、一部を廃止
- 不要な会議の廃止

Combine
結合

- 会議の同時開催
- 相談と申請を1回で済むようにする

Rearrange
交換

- 会議録作成の外部委託
- 紙面記入から共有ファイルへの入力に変更

Simplify
簡素化

- わかりやすい申請書にするため内容を簡素化
- エクセルのマクロ機能による一括処理

こんなときも使える！

◎会議録の簡素化

　参加者の発言をすべて記録する逐語版の会議録の作成は、多くの時間と労力がかかるため、要点版の簡易な会議録に変更します。どうしても逐語版の会議録が必要ならば、業者に作成を委託する方法も考えられます。職員の超過勤務手当を考えれば、委託する方が安価になることがあります。

◎照会文書のテンプレート化

　庁内の各部署に照会文書を送付する際は、回答書式をテンプレート化しておき、エクセルのリストから選択する形式のファイルにすると、回答する部署の手間も減り、集計も楽になります。また、全庁共有フォルダに回答用のファイルを置き、入力してもらうと、メールのやり取りも不要になります。

地頭力

　「地頭力」という言葉があります。明確な定義はありませんが、知識がなくても、自分の頭で考え、筋道を立てて解答を見つける能力などと言われています。

　まだ自治体での勤務経験が少ない職員であれば、日常の業務で困ったことがあったとしても、上司や先輩職員が「それは、このように処理すればいい」とか「その資料は、こうした構成が定番になっている」などと、やさしく教えてくれます。そうした経験を重ねる中で、フレームワークなども含めて、実務能力が自然と身につくでしょう。

　しかし、職務経験が長いベテランや管理職になると、「この問題は、どうやって対応すればいいのか」と袋小路に入ってしまうような事態に遭遇します。前例踏襲では対応できないケースです。このようなとき、その人の地頭力が試されます。

　例えば、首長からの指示、住民からの要望、議会からの意見などが複雑に絡み合ってしまい、課長が「どの問題に、どの順番で着手すればよいのか」と迷ってしまうことがあります。

　こうした場合、とにかく自分の頭で最善策を考えて、行動していくしかありません。様々な仮説を立て、1つひとつ検証していくこともあるかもしれません。また、「まずは、住民団体と話し合おう」と一点突破を目指し、優先順位をつけて対応するかもしれません。

　このような、にっちもさっちもいかない状況で、どのように対応するのか。ある意味では、そうした事態こそ、職員としての真価が問われる場面かもしれません。「言われたことを、教えられたとおりに行う」のは誰でもできますが、この地頭力を鍛えるのは、かなり難しそうです。

第4章

自治体の現場で特に役立つ
フレームワーク

4つの視点で
事業の効果・影響を考える

CASE 説得力のある事業を考えたいとき

　保育園や幼稚園等に通わず、在宅で育児する世帯に対する新規事業を
検討しています。いくつかアイデアを考えたものの、「保育園に通う世
帯と均衡がとれていない」「似た事業を、かつて市長が議会で実施しな
いと答弁していた」など、課長からダメ出しばかりされて、八方ふさが
りの状態です。どのような視点で新規事業を考えればよいでしょうか。

多角的な視点で効果が検証できる

　新規事業や既存事業の見直しをする場合、その効果や影響について考
える際には、以下の4つの視点で検討します。

①住民視点

　そもそも住民サービスの向上に寄与する内容か、特定の住民だけの利
益にならないか、不利益を被る住民はいないか、などを考慮します。

②首長視点

　全庁的視点ともいえます。他部署で類似事業を実施していないか、他
の事業と比べて均衡がとれているか、などを考慮します。

③議員視点

　地域的なバランスがとれていない、与党会派の主張と異なる、特定議
員の手柄になっていないか、などを考慮します。

④職員視点

　事務の軽減、コストの削減、超過勤務の縮減など、職員にとってメリ
ットやデメリットがないか、などを考慮します。

4つの視点の例

	ポイント
住民視点	・住民はこの問題をどう捉えるか ・立場によって受け止め方はどう異なるか ・利益（不利益）を受ける住民はどんな人か ・後年度の住民負担を考慮しているか
首長視点	・首長の考えと異なる事業になっていないか ・首長の重点事項で、手薄な事業はないか ・全庁的に見て、どんな影響があるか ・地域や団体によって、不公平や不均衡は生じないか
議員視点	・各議員の地盤への影響はあるか ・特定議員の地盤を優遇する内容になっていないか ・特定会派の主張に偏っていないか ・議会でのこれまでの議論の経過はどうか
職員視点	・特定の部署（職員）の利益だけになっていないか ・職員にメリットはあるか 　（ただし、住民の不利益が生じることは NG） ・他の職員に与える影響はどうか ・長期的な視点から見て問題ないか

こんなときも使える！

◎予算要求の根拠

　4つの視点は、予算要求の説明でも有効です。4つすべてにメリットがあれば、財政課もなかなか反対できません。ただし、実際にそのようなことは稀です。「職員の負担は増えるが、住民にとってはこの事業は必要だ」などと説明すれば、説得力が高まります。

◎事業の内部評価のツール

　係内で事業の検証をする際にも活用できます。一般に、予算要求の書式などは決まっていますが、これら4つの視点を検証する機会はあまりありません。このため、予算要求を提出する前、または事業の見直しなどを行う際に、4つの視点を書き出してみると、事業の内部評価ができます。

02

ハード・ソフトの両面で事業を整理する

CASE　事業を 2 つに分類したいとき

市の採用面接を受けたときのことです。当時は、保育園の待機児童問題が特に注目されていました。面接官から「待機児童問題を解消するためには、どのような対策が必要ですか」と聞かれ、「保育園を整備することです」と答えたら、「ソフト事業はないの？」と苦笑されてしまいました。入庁してからハード、ソフトという言葉を聞くのですが、実はあまり意味をよく理解していないのですが…。

すべての事業を 2 つに分類できる

一般的に、行政におけるすべての事業は、ハード事業かソフト事業に区分できます。ハード事業とは施設や設備の整備や改修等で、ソフト事業は手当の支給、生活保護などの各種サービス、イベントの開催等です。

ハード・ソフトの使い分けは、厳密には自治体で決定しますが、ハード事業は施設事業、ソフト事業は非施設事業とするのが一般的です。このハード・ソフトの区分は、自治体職員にとって必須の視点です。

CASE のように、保育園の待機児童への対応として、すぐに思いつくのは保育園の新設です。また、既存園を増築して定員を増やすことも可能です。これらは、いずれも施設の整備に関することなので、ハード事業と位置付けられます。

一方で、既存の保育園施設は変えずに、定員を超えて入所できるようにする「定員の弾力化」や、ベビーシッター派遣事業は、施設整備ではありませんので、ソフト事業となります。

ハード・ソフトの例

＜待機児童問題へのアプローチ＞

ハード 【施設の受入定員増】	ソフト 【保育人材の確保】
○新規保育園の建設 ○既存保育園の増築 ○サテライト保育 ○保育室の改修による定員増	○保育協会と連携した保育士就職支援 ○幼稚園に対する「認定こども園」移行検討のお願い ○企業主導型保育支援団体による説明会実施

こんなときも使える！

◎ハード・ソフトの両面から事業を考える

　保育園の例のように、事業によってはハード・ソフトの両面から事業展開を考える必要があります。しかし、一般的に、ハード事業は多額の予算がかかり、整備は複数年にわたります。また、いったん開始すると、途中で変更や中止をすることは困難となります。このため、同様の目的がソフト事業でも達成できないかを、十分に考える必要があります。

◎ハード事業の後年度負担

　多額の予算を必要とするハード事業では、地方債を発行（起債）して整備することがよくあります。この場合、地方債は将来世代の借金にもなりますので、将来的な施設利用の十分な検討が必要です。

03

他自治体比較で市の位置付けを捉える

CASE 独自性のある事業を打ち出したいとき

　先日、市長から「本市らしい、何か特徴のある事業はできないか」とのお話があり、企画課で検討しています。いろいろ意見は出るのですが、思いつきの域を出ません。何か良い方法はないでしょうか。

比較して特徴を明確化できる

　長く自治体職員として仕事をしていると、職員自身が市の特徴や強みに気がつかないことがあります。しかし、他自治体と比較すると、市の特徴などが見つけられます。具体的には、以下の方法があります。

①同一都道府県内の他自治体との比較

　都道府県では、その都道府県に属する市区町村について、産業、土木、保健衛生、環境、福祉など、様々な統計・データを発表しています。これらを分析することで「本市は市民 1 人当たりの公園面積が県内で大きいほうだ」などの特徴を見つけられます。そうすると、「緑のうるおいあるまちづくり」などの強みに結びつけることができます。

②人口同規模の他自治体との比較

　人口が同規模であれば、ほぼ自治体の事業も類似していると考えがちです。しかし、実際に比較してみると、事業はもちろんのこと組織なども異なっていることがわかります。こうした点からも特徴がわかります。

③財政力指数が同規模の他自治体との比較

　財政力指数とは、財政的な豊かさを示す指標です。これが同規模であれば似たような財政状況であることから、比較ができます。

他自治体比較の例

特徴	事業等への反映
市税の徴収率	市税の徴収率の目標を県内1位にする
森林面積が広い	林業の盛んな他自治体の事業を参考にする
定着志向が高い	住みやすい、暮らしやすいまちであることをアピール
観光事業が手薄	名所旧跡など、同様の観光資源のある他都市と連携
震災時の被害	周辺市も同様の被害となるため、遠隔市と協定

こんなときも使える！

◎行政視察

参考になる事業を行う自治体を行政視察すると、担当者ならではの苦労話や失敗談等を聞くことができます。例えば、「広告事業で、庁舎入口に民間企業名の入った玄関マットを置くことに。しかし、居酒屋だったために、市民からクレームが寄せられ、撤去した」といった話を聞けることもあります。

◎先進自治体の取組み

新聞・専門誌等には、全国初もしくはユニークな取組み・事業を行う自治体が紹介されていることもあるため、定期的にチェックしましょう。首長や議員から「うちでもできないか」と聞かれることも少なくありません。他自治体の動向には常に注意しておいたほうがよいでしょう。

費用対効果から事業の妥当性を証明する

CASE　わかりやすく事業の意義を説明したいとき

予算要求に関するヒアリングがあり、財政課の担当者から、「この事業の費用対効果は？」と聞かれてしまいました。要求内容は、施設改修、住民向けパンフレットの印刷、またコピー用紙などの内部管理経費など、多岐にわたるのですが、どのように説明すればよいでしょうか。

事業効果を論理的に説明できる

費用対効果とは、文字どおり費用に対する効果ですが、簡単にいえば「事業に要する費用（予算）に対して、事業の効果（成果）は適切か」ということです。このCASEの場合、次のように考えます。

①できれば効果は数値で示す

「世論調査によると、防災グッズの配付を求める市民が○％いる」のように、効果を数値で示せれば明快です。しかし、それが困難な場合は、「他自治体で実施して成果があった」「複合施設は、単独施設よりも利用者増が見込める」のように数値以外の比較などで成果を説明します。

②同じ効果でも、費用が安い

例えば、コピー機を導入する場合、同じ機能のものを複数提示して、価格が安いことを主張します。「他自治体でも同様の事業を実施しているが、それよりも安価」なども理由になります。

③同じ費用でも、効果が大きい

職員が残業して発生する超過勤務手当と外部委託費用を比較し、ほぼ同額ならば、「職員の負担が減るだけ得だ」などと説明できます。

費用対効果の例

効果の考え方

・データ、統計、過去の実績（来場者数等）
　など、できれば数値で示す
・副次的な効果（マスコミによる影響、住民
　の声、職員の負担軽減など）も考慮する
・同じ費用ならば、損得で考える

費用の考え方

・単年度だけでなく後年度負担も考える
・事業費だけでなく、職員の人件費も考慮する
・同じ効果ならば、「割高」「割安」で考える

こんなときも使える！

◎**システム改修経費**

　システム経費は、単に導入経費（イニシャルコスト）だけでなく、導入後の維持経費（ランニングコスト）も含めて、全体で考える必要があります。維持経費には、保守委託、今後の改修経費なども含まれます。このため、導入経費だけで判断すると、結局割高になることもあります。

◎**１人当たりの費用で考える**

　例えば、IT研修を100万円の予算で実施したとします。この場合、100人の職員が参加すれば１人１万円の費用になりますが、50人では１人２万円になってしまいます。このように、予算全体でなく１人当たりの費用などからも効果を説明することもできます。

WIN-WINで
双方のメリットを考える

CASE サービス内容の変更を理解してもらいたいとき

　福祉センターに指定管理者を導入することになりました。運営方法の変更について住民説明会を開催したのですが、市民から「指定管理者導入は単なる役所のコスト削減で、実態は住民サービスの低下だ！」と言われてしまいました。どのように説明すればよいでしょうか。

双方の利益で相手を納得させることができる

　WIN-WINとは、交渉当事者の双方にとって利益が得られるようになることをいいます。

　自治体は、このCASEのような施設への指定管理者導入をはじめ、ごみ出しの分別方法の変更、敬老祝金の減額、施設やイベントの休・廃止、使用料・利用料の値上げなど、行政サービスの内容や方法を変更することがあります。

　自治体としては、効果的な財政運営、ごみの最終処分場の延命など、「全体の利益」や「負担の公平性」などを踏まえてこれらの方針転換を行います。しかし、住民からは「それは役所の論理であり、実態はサービス低下だ」と反発されることがあります。住民説明会で紛糾したり、議会へ請願・陳情が出され、政治問題化することも少なくありません。

　このようなときに、自治体職員がWIN-WINの視点から説明できれば、非常に効果的です。このCASEであれば、「指定管理者導入により削減できたコストについては、他の福祉サービスの向上に活用する」というような、住民側にもメリットがあることを示します。

WIN-WIN の例

いわゆる迷惑施設（ごみ処理場等）の
建設について理解してほしい

WIN-WIN
（双方がともに利益を享受）

自治体

住民

地元要望である集会室や公園等の
インフラを施設内に整備してほしい

こんなときも使える！

◎**地元還元施設**

　一般的に、地域からあまり歓迎されない、いわゆる迷惑施設などを建設する場合、代わりに地元の要望である集会室や公園などを整備することがあります。これは取引条件ともいえますが、双方のメリットとなるため WIN-WIN につながります。

◎**見守り活動**

　高齢者の安否確認のため、高齢者自身に見守り活動を実施してもらいます。行政にとっては民間に事業を委託するよりも安価に実施でき、高齢者にとってもコミュニティの促進、健康増進、生きがいづくりなどのメリットが生じることから、WIN-WIN となります。

メリット・デメリットで効果とリスクを明確化する

CASE　事業効果・影響を明確にしたいとき

　新型コロナウイルス感染症の影響のため、例年実施している自主防災組織のリーダー会議をオンラインで実施する案が出されました。確かに感染は防げますが、リーダーには高齢者が多いので無理があるような気がします。どのように考えて決定すべきでしょうか。

客観的に「良い・悪い」を明確にできる

　新規事業の立案、既存事業の見直し、トラブルへの対応など、何かしらの判断・選択が必要な場合、メリット・デメリットを明確にしておく必要があります。その理由は、以下のとおりです。

①より良い選択・判断ができる

　メリット・デメリットを考えることは、その内容を様々な観点から検討することになります。単なる思いつきや、その場の勢いで決めるわけではないので、より良い選択・判断が可能となります。

②リスクを共有できる

　メリットだけで、全くデメリットがないことは、まずありません。また、複数案を比較した結果、積極的に採用できる案がなく、消極的に採用せざるを得ないこともあります。このように、デメリットを明確にしておけば、組織全体でリスクを共有することにつながります。

③新たな案を考える材料になる

　メリット・デメリットを考えていくと、「これならば、こうした案の方が良いのでは」と新たな案を考えることにもつながります。

メリット・デメリットの例

	通常会議	オンライン会議
○ メリット	・意思の疎通が図りやすい ・ホワイトボード等を活用できる ・資料や現物を共有できる	・遠方でも参加できる ・移動のコストがない ・会議が長引かない
× デメリット	・1か所に集まる必要がある ・会議室等の確保が必要 ・移動のコストがかかる	・通信が安定しない場合がある ・大人数の会議はしにくい ・機器など通信環境が必要

【POINT】誰にとってのメリット・デメリットか

自治体にとってメリットでも、住民にとってはデメリットになる可能性も。
誰にとってのメリット・デメリットなのかを明確にすることが大切

こんなときも使える！

◎複数の新規事業案を比較する

認知症対策の新規事業を複数考えた場合、それぞれのメリット・デメリットを考え、「ヒト・モノ・カネ」で比較するとわかりやすくなります。どれも一長一短がありますが、比較することで組織全体でリスクを共有できます。

◎既存事業を一部変更する

CASE のように、既存事業を一部変更する場合にも有効です。仮にオンライン会議にすると、「ネットが使えない」などの苦情が出る可能性もありますが、通常の会議でも、「この時期に対面はいかがか」という意見が出るかもしれません。どちらかを選ぶ場合もあれば、「書面（資料）を配付することで会議を実施したこととする」等の新たな案が生まれることもあります。

07

点数化で
説得力を高める

CASE　複数の事業案を比較したいとき

　課長から、LGBT の啓発事業を検討するように指示がありました。そのことを係で話すと、「イベントがいいんじゃない？」「いや、今だったら動画の方が効果的だよ」など、いろいろ意見が出ました。こうした案を比較検討するためには、どのようにしたらよいでしょうか。

論理的に相手を説明できる

　点数化は、複数の案を検討するときに、いくつかの視点を設け、点数をつけて比較し、最終的な判断・選択につなげる方法です。

　この CASE であれば、LGBT に対する市民の意識を啓発するために、①イベントの開催、②動画の作成、③パンフレットの作成のそれぞれについて、経費、対象住民数、効果などの視点から点数（例えば 0 〜 5 点）で評価を行い、合計点の高いものを選択します。ポイントは次の 3 点です。

①恣意的な評価にしない

　コストならば「100万円以上は 0 点」のような客観的な基準があれば明快です。基準作成が困難でも、恣意的な評価は不可です。

②簡潔明瞭にする

　重要な視点は、他の視点と異なり点数を倍にするなどの加重をかけることも可能です。しかし、あまり複雑だとわかりにくくなります。

③点数化はあくまでたたき台にする

　点数化は、担当者が作るたたき台にすぎません。最終的には、上司や組織全体で判断することとなります。

点数化の例

	案1 イベントの開催	案2 動画の作成	案3 パンフレットの作成
経費	1	3	2
対象住民数	2	5	2
効果	3	4	3
合計点	6	12	7

こんなときも使える！

◎新規事業の検討

　点数化が最も使用されるのは、CASE のような新規事業の比較です。この場合、経費（高額なほど低評価、もしくは費用対効果の「割高」「割安」で判断）、対象となる住民数（イベントならば参加者数など）、効果（一過性か、継続性があるか）などが視点になります。

◎事業者の選定

　点数化は、事業者の選定でも活用されます。例えば、イベント内容について複数の事業者から提案があった場合、選定委員会を組織し、複数の委員が採点して決めるのが一般的です。どんな評価項目にするか、各項目の満点はどのくらいにするかなど、情報公開に堪えうる内容にしておく必要があります。

08 フローチャートで手順をわかりやすく示す

CASE 保育園の入園申請をうまく説明したいとき

　保育園の入園案内の作成で悩んでいます。保育園の申請手続きにあたっては、世帯により必要な書類が異なります。保護者の状況、保育が必要な理由、子どもの状況、祖父母のことなど、家庭によって異なるからです。こうした内容については、入園案内には詳しく書いてあるのですが、例年、市民からは「わかりにくい」と多くのクレームが寄せられます。どのように工夫すれば、わかりやすくなるでしょうか。

「今、何をするべきか」が明確にわかる

　フローチャートは、申請手続きの一連の流れなどについて、各段階を箱型で示し、それを矢印でつなぐことで、全体の流れを表現するものです。箱型は、①開始、②処理、③条件分岐、④終了の４項目があります。

　一般的に、フローチャートはプログラミングの設計で用いられるものですが、自治体では先のような手続きの流れなどを、わかりやすく住民に示すために用いられます。

　この CASE でいえば、保育園の申請手続きに必要な書類は世帯によって異なります。そこで、フローチャートにある質問に答えることで、自分に必要な書類をわかるようにできます。また、申請手続きの場合は、自分がどの段階にいるのかがわかり、全体像の理解にも有効です。

　このように、フローチャートを活用すると、文章で長々と説明するよりも、すっきりと示すことができます。住民にとっても一目瞭然となり、便利です。

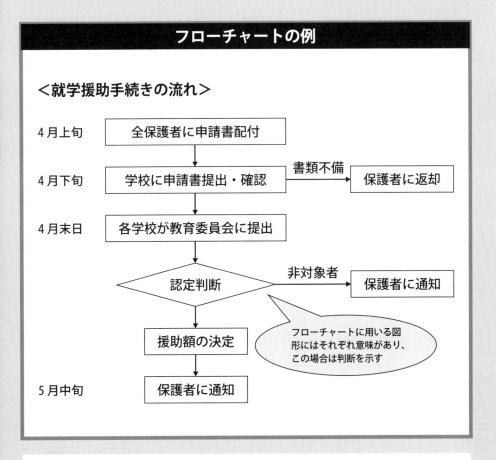

フローチャートの例

＜就学援助手続きの流れ＞

4月上旬 → 全保護者に申請書配付

4月下旬 → 学校に申請書提出・確認 ──書類不備→ 保護者に返却

4月末日 → 各学校が教育委員会に提出

認定判断 ──非対象者→ 保護者に通知

フローチャートに用いる図形にはそれぞれ意味があり、この場合は判断を示す

援助額の決定

5月中旬 → 保護者に通知

こんなときも使える！

◎**申請手続き**
　保育園の入園申請、就学援助の手続き、融資の申込みなどがあります。また、ホームページにおける電子申請や問合せへの対応などのシステムを作る際にも有効です。

◎**事務の流れ**
　同様に、事務の流れについてもフローチャートで表現できます。保育園の入園申請であれば、申請→書類確認→指数判断→判定会議…のような流れになります。判定会議で内定となった世帯とそれ以外の世帯で、今後の対応は異なってきますので、分岐が発生します。

09

FAQ で
ビギナーをエキスパートにする

　係長から、「私道整備事業の内容を変更するので、ホームページに市民向けのわかりやすい説明を掲載してほしい」と依頼されました。どのように作ればよいでしょうか。

問い合わせ件数を減らすことができる

　FAQ は、住民から質問されそうな事項をまとめ、ホームページや住民説明会の資料に掲載するものです。Frequently Asked Questions の略で、いわゆる「よくある質問」を意味します。

　FAQ は、その情報をよく知らないビギナーを、エキスパートにする役目を持っています。具体的なポイントは、以下のとおりです。

①まず全体像（総論）を示し、次に個別事項（各論）を書く

　Q＆Aを読むのは、内容を十分に理解していない人ですから、まずは紹介する制度の概要など、全体像を示すことが必要です。その後に、個別の内容を説明します。

②すぐに質問を見つけられるように目次をつける

　目次がないと、多くの質問項目から該当部分を見つけるのが大変です。このため、冒頭に目次をつけます。

③住民目線で考える

　質問は、「何も知らない住民は、どう思うか」と住民目線で考えることが重要です。つい役所目線で質問を考えてしまうので、注意が必要です。

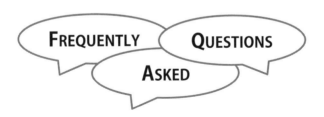

> **FREQUENTLY** **QUESTIONS** **ASKED**

よくある質問（FAQ）

Q1-1　マイナンバー（個人番号）とは、どのようなものですか。

Q1-2　これまでマイナンバーがなくても生活に支障がなかったと思いますが、なぜマイナンバー制度を導入するのですか。

Q1-3　マイナンバー制度導入による具体的なメリットは何ですか。

Q1-4　マイナンバーはどのような場面で使うのですか。

こんなときも使える！

◎ホームページに掲載

　CASE のように、制度変更があった場合は、ホームページに FAQ を掲載します。FAQ は、担当者が原案を作成した後、複数の職員で検証し、「この質問は、専門的でわかりにくい」「詳しくない住民には、そもそもこの質問の意味がわからないのでは」などと、改善点を指摘してもらうことで、精度が高まり、より住民目線に立った FAQ に仕上げることができます。

◎周知用の資料として窓口に設置

　マイナンバーのような新しい制度を紹介する際も、FAQ は有効です。ただし、詳しい内容を盛り込みすぎて、あまり厚い資料にしてしまうと、住民は読む気を失ってしまいます。気軽に読めるように、質問を厳選しましょう。

10

重要度・緊急度ポートフォリオ で優先順位を決める

CASE　業務の優先順位を明確にしたいとき

　主任に昇任してから、業務が増えて困っています。係長が期待してくれるのはうれしいのですが、次から次へと仕事を依頼されます。また、今年入庁した新人にも業務を教えなければなりません。もう少し余裕を持って業務に取り組みたいのですが、どのように考えればよいでしょうか。

「いつ、何をするべきか」が明確にわかる

　業務の優先順位を考える際には、緊急性と重要性で考えると明確になります。そこで、ポートフォリオ（24頁参照）でも触れたように、2つの軸（縦軸・横軸）で面を4つに区切り、横軸を緊急性、縦軸を重要性として、業務を配置します。すると、①緊急性も重要性も高い業務、②緊急性が高いが重要性は低い業務、③緊急性は低いが重要性は高い業務、④緊急性も重要性も低い業務の4つに区分できます。

　もちろん、最優先は、①の緊急性も重要性も高い業務です。まずは、これに全力で取り組むことが重要です。

　また、②緊急性は高いが重要性は低い業務については、早く処理して終わらせるか、もしくは他人に依頼できないかを考えます。急ぐことでも、自分にとって重要でなければ依頼するのも1つの方法です。

　そして、③の緊急性は低いが重要性は高い業務については、注意が必要です。時間のあるときに少しずつ着手しておかないと、締切り間際に慌てることになってしまいます。

重要度・緊急度ポートフォリオの例

重要である

- ・自分のキャリアデザイン
- ・昇任試験の準備・勉強
- ・部下の指導・育成
- ・異動を見据えた引継ぎの準備

- ・首長からの指示の遂行
- ・議会・議員関係の対応
- ・重大な事故やクレームの処理
- ・差し迫った問題の解決
- ・危機や災害への対応

緊急でない

**早目に着手する
ことが重要**

緊急である

- ・仕事のための仕事
- ・目的のないネットサーフィン
- ・内容のない長電話
- ・何もしない待ち時間

- ・アポなし来訪者への対応
- ・重要ではない会議
- ・無意味な飲み会
- ・日々の電話やメール

重要でない

こんなときも使える！

◎担当業務を整理する

　CASE のように、複数の業務を抱えている場合、手当たり次第に処理をしようとしたり、緊急性も重要性も低い業務に時間を費やしてしまうなど、非効率が生じます。そこで、ToDo リストをポートフォリオの形で作成し、いつも確認できるようにしておきます。これにより、時間を有効に活用できます。

◎組織の業務を整理する

　係長や課長は、係や課などの組織単位で業務を整理することが必要です。組織の視点で見ると、「いつかはやらなければならないが、なかなか着手できない課題」があるものです。つい先送りして、結果として異動時期を迎えがちですが、長期的な視点を持つためにも、この視点は有効です。

ヒト・モノ・カネ・情報 から組織の強みを引き出す

CASE 係の成果を高めたいとき

　4月に係長に昇任し、初めて部下を持ちました。課長からは、「上手に係を運営してくれ」と言われたのですが、実際に係の成果を高めるために、どこに着目したらよいのか、よくわかりません。

組織の強み・弱みを明確にできる

　経営資源とは、組織運営にとって役立つ様々な要素や能力のことで、一般に「ヒト・モノ・カネ・情報」の4つが、四大経営資源と呼ばれています。時間と知的財産を加えて、6つの経営資源とすることもあります。

　経営資源を有効に活用することで、組織としての成果を高めることができます。自治体に当てはめると、次のようなポイントがあります。

①ヒト（職員）

　組織の成果を高めるため、その組織にいる職員一人ひとりが最大限の能力を発揮できているか、また、そのための環境整備ができているか。

②モノ（住民サービス）

　住民に役立つサービスを提供できているか、また自治体が所有するインフラ（施設、土地など）が有効に活用されているか。

③カネ（予算・財政）

　住民に十分なサービスを提供できる予算があるか。財政は健全か。

④情報

　地域の様々な統計やデータ、関係機関との連携、社会経済情勢などの情報を十分に活用しているか。

経営資源の例

経営資源	ポイント
ヒト （職員）	・職員の能力を活かせる組織風土になっているか ・職員が個性を発揮しているか
モノ （住民サービス）	・既存サービスの改善点はないか ・住民に役立つ新たなサービスはできないか
カネ （予算・財政）	・組織にある予算を十分に活用しているか ・基金や地方債などを有効に活用しているか
情報	・組織に必要な情報を十分に把握しているか ・情報を活用した組織運営を行っているか

こんなときも使える！

◎**組織目標の設定**

　年度当初、経営資源の視点を踏まえて組織目標を設定します。例えば、職員の能力や個性を生かすため、係会の開催を決定し、コミュニケーションの場とします。また、必要な情報を係内で共有できるように、共有フォルダを活用するなど、経営資源を組織目標と関連付けることが有効です。

◎**組織の強みを分析する**

　係長や課長には、経営資源を十分に活用して、組織の成果を出すことが求められます。そのためには、経営資源の１つひとつがどんな状況かを把握しておくことが重要です。有効に活用できなければ、宝の持ち腐れになります。その上で、組織の強みを見つけて、組織運営に反映することが必要です。

見える化で
共通認識を持つ

CASE　係内の業務プロセスを共有したいとき

　4月から、広聴部門の係長となりました。毎日、多種多様な相談が寄せられており、係員には豊富な知識が求められています。この3月まではベテラン職員がいたのですが、定年となってしまいました。このため、係員は業務に不安を抱えています。どうしたらよいでしょうか。

全員が共通の認識を持つことができる

　「見える化」とは、組織の様々な活動を具体化して、客観的に把握できるようにすることです。「目で見える管理」の意味で、トヨタ自動車の業務の改善活動の観点として生まれました。「可視化」ともいわれます。

　具体的には、業務のプロセスなどのマニュアルを作成したり、図示したりして職員の認識を共有します。これにより、個人の思い込みや誤解を避けることができます。

　このCASEのように、長年ベテラン職員に頼っていたり、前例踏襲で業務を行っていたりすると、職員が誤った認識を持ってしまうことがあります。ベテラン職員など、特定の個人の力量に頼らずに、確実に組織にノウハウを蓄積するためには、「見える化」は欠かせません。

　また、マニュアル作成など「見える化」を実現するまでの過程も貴重な機会です。各人が知識を持ち寄り、マニュアルを完成することは良い人材育成になりますし、チームワークの醸成にもつながります。

　係長や課長は、このようなメリットがあることを踏まえ、職員に「見える化」を指示することも必要です。

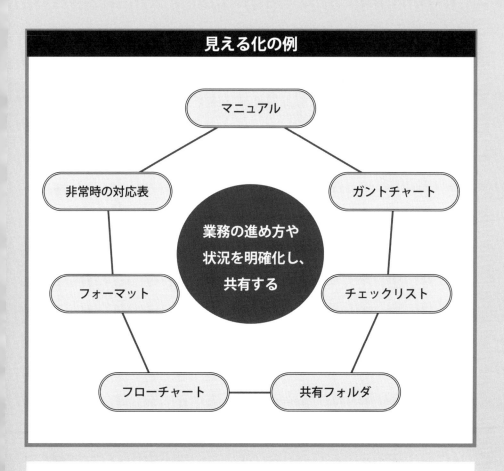

見える化の例

- マニュアル
- 非常時の対応表
- ガントチャート
- フォーマット
- チェックリスト
- フローチャート
- 共有フォルダ

業務の進め方や状況を明確化し、共有する

こんなときも使える！

◎マニュアルの作成

　毎年行うイベントについて、企画、関係団体との調整、会場設営、終了後のアンケート集計など、一連の流れと各作業の手順や注意点等をまとめてマニュアルにします。これにより、異動で職員が入れ替わっても、同じ成果を出すことができます。もし、変更点や追加する事項があれば、マニュアルを改訂すれば、常に最新情報が掲載されます。

◎共有フォルダの活用

　個人の持つ情報を、組織で共有し、業務に活かすことも「見える化」です。マニュアル化だけでなく、マニュアルにない新たな相談についても、共有フォルダ内の専用ファイルに書き込み、係全員で見られるようにします。

仕組み化で
いつでも誰でも同じ成果を出す

CASE 　給付金支給に関する事務ミスをなくしたいとき

　給付金の支給事務を行っています。新型コロナウイルス感染症の影響で、何回か制度が変更となり、その度に提出書類も変更しています。このため、職場も混乱してしまい、職員も市民に間違った案内をしてしまうことがあるのです。係長からも「書類が不足している。きちんと確認してから、決裁にまわしてくれ」と言われてしまいます。さらに、申請者数や支給決定数などの統計についても、手計算で行っているので、ミスがあります。どのように対応したらよいでしょうか。

組織全体の成果を高めることができる

　「仕組み化」とは、個人の力量に依存せず、着実に業務を遂行できるシステムを作ることです。いつ、どこで、誰が行っても、同じ成果が出る方法を構築することともいえ、以下のメリットがあります。

①属人的な業務執行にならない

　業務を「仕組み化」できれば、「この業務は、あの人でなければできない」のようなことはなくなります。業務のコモディティ化ともいえます。

②業務を効率化・最適化できる

　「仕組み化」を構築する過程で、無駄な作業は削られたり、統合されたりしますので、業務を効率化・最適化することができます。

③不正防止に役立つ

　「仕組み化」が完成すれば、個人の裁量で左右される部分が基本的になくなりますので、不正防止に役立ちます。

仕組み化の例

業務は 2 つに分けられる

①定型業務…作業内容があるパターンに決まっている仕事
②非定型業務…臨機応変な対応、高度な判断が必要な仕事

様々な定型業務を対象に、いつでも・誰でも
同じ成果が出せるようにするのが「仕組み化」

STEP 1：各定型業務について、プロセスを分解する
STEP 2：各プロセスの作業内容をマニュアル化する

こんなときも使える！

◎ペア制度の構築

　業務を主担当と副担当に分け、両者で受け持つペア制度も、仕組み化の 1 つです。提出書類の不足だけでなく、金銭管理等も複数の担当者が確認すれば、ミスを減らすことができ、不正防止にもなります。全業務をペア制度にすれば、「担当者が不在のため、わかりません」という事態もなくなります。

◎プログラムやフォーマットの活用

　集計業務についても、例えば、エクセルのマクロ機能を活用して「仕組み化」できれば、作業が楽になります。いちいち計算する必要がありませんので、自動的に集計できます。また、提出書類についても、フローチャート（90頁参照）を活用すれば、間違えることがありません。

提案を歓迎する

　公務員の世界では、職員が最初から企画・立案して、上司や関係部署を納得させて、新規事業を立ち上げるようなことは稀です。もちろん、係内の業務改善や住民向け印刷物の内容変更など、自分の裁量で変更できるものもありますが、民間企業が生き残りをかけて、様々なアイデアを出し合い、事業化するのとは大きく様相が異なります。

　そもそも、正確さと公平さが重視される自治体では、どうしても前例踏襲になりがちです。そのため、何か新しいことをやろうというよりも、「決められたことを間違いなく」という雰囲気が強くなっています。そして、よく言われるように、公務員は減点主義の側面が強い世界ですから、職員の失敗やミスは、すぐにマイナスの評価となりがちです。しかし、「彼は新規事業を企画して、昇任した」などということは、ほとんどありません。

　このため、何か新しいことにチャレンジする雰囲気が生まれにくいのが事実です。また、こうした雰囲気が強いため、職員が何か新しいことに取り組もうとしても、「前例がない」「予算がない」「事故があったら、どうするんだ」など様々な理由を持ち出して、やめさせようとします。反対する理由と拒絶する理由を持ち出すのは、公務員の得意技です。こうなると、次第に職員の意欲は減退し、何か新たなことをやろうという環境にはなりません。

　しかし、これでは硬直的な組織になってしまいます。環境の変化に対応できる組織にするためには、職員の柔軟な発想が不可欠です。職員の意欲を活かすも殺すも、管理職次第です。もし職員から提案があれば、多少は荒削りであったり、詰めが甘かったりしても、まずは、その提案を歓迎したいものです。

第5章

自治体でも活かせる
ラテラル・シンキング

ラテラル・シンキングで
発想の可能性を広げる

前提にとらわれず、水平方向に発想を広げる

　前章までに紹介してきたフレームワークは、問題解決の思考の枠組みですが、思考法はいくつかの種類に分けることができます。その代表が、ロジカル・シンキングとラテラル・シンキングです。

　ロジカル・シンキングとは、論理的思考です。筋道を立て、論理的に解答を導き出すもので垂直思考ともいわれます。物事を分類、整理、具体化していくものです。このロジカル・シンキングのツールが、フレームワークということもできます。

　これに対して、ラテラル・シンキングとは、前提や既成概念などにとらわれない、自由奔放な思考です。多様な視点から物事を捉え、考え方の可能性を広げるもので水平思考ともいわれます。言葉だけでは少しわかりにくいので、実際の例で説明しましょう。

CASE 13個のオレンジを3人で等しく配分したい

　ここに13個のオレンジがあります。これを3人に等しく配分するには、どうしたらよいでしょうか。

　これをロジカル・シンキング（垂直思考）で考えると、次のような答えが考えられます。
　①4個ずつ分けて、余った1個を3等分する
　②秤を使って、同じ重量に3等分する

　一方、ラテラル・シンキング（水平思考）では、次のような答えが考

えられます。

①13個のオレンジをすべてジュースにして3等分にする

②余った1個のオレンジの種を土に植え、実になったら等しく配分する

これまでのロジカル・シンキングの発想だけにとらわれていると、このような発想は出てきません。人によっては「騙された！」「それは突拍子もない考え方だ」などと感じるかもしれませんが、決して間違いでも、騙しているわけでもありません。問題に対して的確に答えていることは、おわかりいただけるかと思います。

このように、論理的思考では発想できない解答を導くのが水平思考であるラテラル・シンキングです。

これは、単なるクイズやなぞなぞではありません。現在、こうしたラテラル・シンキングが求められている背景には、ロジカル・シンキングだけでは解答を導くことが困難な課題が多くなっていることが指摘できます。

自治体でも同様に、職員の柔軟な発想が求められています。実際にあった事例ですが、ある市では、人口減少に伴いまちの衰退が加速し、これまでに整備した施設がお荷物となってしまいました。これにどう対応するかが大きな問題となっていました。一般的な発想で考えれば、そうした施設を安く売却するか、早期に解体するなどが選択肢となります。

しかし、この市では、あえて「負の遺産ツアー」を企画して、全国から行政視察や観光客を呼び込んだのです。他市でも、こうしたまちの衰退は「自分事」だったため、このツアーは注目され、人気になったのです。

従来のロジカル・シンキングでは答えの出ない、様々な行政課題が発生しています。そんなときに、柔軟に発想して対応することが、現在の職員には求められているのです。

02 ラテラル・シンキングと ロジカル・シンキングの違い

ラテラル・シンキングとロジカル・シンキングの比較

　ラテラル・シンキングとは何かを、もう少し皆さんに具体的にイメージしてもらうためにロジカル・シンキングと対比して説明したいと思います。

ラテラル・シンキングとロジカル・シンキングの比較

	ラテラル・シンキング	ロジカル・シンキング
別名	水平思考	垂直思考
概要	自由な発想でアイデアを生み出す	道筋を立てて深く掘り下げて解答を考える
考え方	既成概念にとらわれず、様々な視点から自由に、創造的に発想する	過去の事実を基に、因果関係を積み上げたり、分解したりして結論を導く
答え	1つではなく、複数ありうる	基本的に1つしかない
特徴	常識を疑い、論理より直感を重視する	与えられた条件下で最高・最善の答えを見つけようとする
メリット	大胆な発想が生まれる	客観的に、矛盾や飛躍なく答えにアプローチできる
デメリット	課題から大きく外れた結論になることもある	柔軟な発想ができなくなる可能性がある
関係性	相互に補完しあう	

ラテラルに考え、ロジカルに検証する

　ラテラル・シンキングとロジカル・シンキングは対立する考え方ではなく、相互補完の関係とされています。

　問題解決にあたっては、1つの考え方を採用しなければならない、と

いうことはありません。

　思考の順序としては、**ラテラル・シンキングで複数の選択肢を抽出し、その１つひとつについて実現可能性などをロジカル・シンキングで考察するのが理想**とされています。

　先に述べたように、ロジカル・シンキングは垂直思考と呼ばれるように、１つの視点を奥深く掘り下げていきます。これに対して、水平思考であるラテラル・シンキングでは、自由な発想で、様々な視点を見つけていくのです。

　そして、ラテラル・シンキングとロジカル・シンキングを組み合わせることで、より問題解決に近づくことができるわけです。

　なお、これまでの教育ではロジカル・シンキングが主流でしたが、複雑化する現在では、それだけでは問題解決が困難となっています。このため、ラテラル・シンキングが重要になってきているのです。さらに、ロジカル・シンキングの「正解は１つ」という発想からの脱却も求められています。

　ちなみに、ラテラル・シンキングは、1967年にエドワード・デボノが提唱した思考法といわれており、『水平思考の世界　固定概念がはずれる創造的思考法』（きこ書房）という本で紹介されています。

03 ラテラル・シンキングの基本的な視点

　これまでの各章で様々な思考法・フレームワークについて解説してきましたが、1〜3章の多くはロジカル・シンキングに属するものです。これに対して、ラテラル・シンキングについては、具体的な思考法・フレームワークは確立されていません。

　皆さんには、次項以降で具体的な問題を解いていただき、併せて具体的な思考法をご紹介します。本項では、ラテラル・シンキング全般に共通する、基本的な視点をご紹介します。

1　問題や前提を疑う

　ラテラル・シンキングも問題解決のための手法ですが、まずは様々なことを疑う姿勢が求められます。問題をそのまま鵜呑みにせず、「そもそも、それは問題なの？」「問題の前提は変えられないの？」などと考えていくと、違った面が見えてきます。

　その一例です。ある旅館で、夕食後に宿泊客がなかなか部屋に戻らないことを悩むご主人がいました。遅くまで残っていられると、後片付けができないからです。しかし、ある人から「客が残っているのは、居心地が良い証拠」と言われたことで、ご主人はかえって残っていることを喜ぶようになったのです。このように、同じ事実でも解釈を変えると全く反対の意味になります。

　ロジカル・シンキングでは「いかに客を部屋に戻すか」が命題となりますが、ラテラル・シンキングでは、そもそも「客をすぐに部屋に戻すことが必要か」から問いを発します。

2　先入観を捨てる

　人は自分でも気づかないまま、先入観を持ってしまいます。上司から、「あれは、終わった？」と聞かれ、「あれ」の意味が実は違っていたなんてことは、誰でも経験するものです。

　104頁で取り上げた「13個のオレンジを3人で等しく配分したい」でも、オレンジのまま分けなければならないと考えてしまう人がほとんどです。出題者は、決してそのようなことを言っていないのに、我々は勝手にそう思い込んでしまうのです。

　このような暗黙の先入観に気づけるか、は大事なポイントです。多くの人は、「オレンジジュースにしてよいなんて、言われていない」と憤慨するかもしれません。しかし、人に言われなくても、それに気づき、自分の先入観を捨てて問題を考えられるかが大事なのです。

3　視点を変える

　視点を変えることで、問題は全く違って見えることがあります。地域で発生した問題は、自治体職員からすれば行政課題ですが、民間企業から見ればビジネスチャンス、地域住民からすれば住民同士のコミュニケーションの良い機会かもしれません。次もそんな一例です。

　病院にあるMRIの機器は重厚感があり、患者には威圧感さえ与えます。このため、検査を受ける子どもたちは怖がってしまい、なかなか検査ができなかったそうです。そこで、病院のスタッフは機器に装飾を施し、アトラクションのようにしたのです。すると、子どもたちは怖がらなくなったそうです。このように、大人目線でなく子ども目線で問題を捉えること、つまりは視点を変えて考えることがラテラル・シンキングには求められます。

04

［発想法 1］
問題の設定を変える

　本項からは、ラテラル・シンキングの具体的な発想法について解説します。実際に、自治体にも関係する事例を出題しますので、皆さんも問題を解きながら、読み進めてください。

　なお、これまで述べたように、ラテラル・シンキングでは「正解」はなく、複数の答えがあります。このため、ここで紹介する答えもその 1 つと考えてください。

CASE　イベントで参加者が走らないようにしたい

　市民まつりは、市の最大のイベントです。当日は、様々な地方の名産品が安く販売されることもあり、開始時刻前から入口に多くの市民が並んでいます。開始とともに、多くの参加者が名産品販売ブースに向かって走り出すため、毎年、危険な状態が発生しています。職員は入口付近で注意しているのですが、効果がありません。どうすればよいでしょうか。

　答えは、**①入口の隣に販売ブースを置く、②抽選販売にする、③事前にネットで販売・支払いまで済ませ、当日は受け取るだけにする**、などが考えられます。

　ロジカル・シンキングの発想で「どうしたら市民を走らせないか」と考えると、①警備員を配置する、②入口から販売ブースまでの専用通路を設ける、③購入専用の入口を設ける、などの方法が考えられます。しかし、これではいずれもコストが発生してしまいます。

　このため、ラテラル・シンキングでは「安く買いたい市民に、安全に

名産品を売る」と問題設定を変えます。すると、先のような答えが浮かんでくるのです。これならば、ロジカル・シンキングの答えよりも、ずっと安価で実現できます。

　ちなみに、かつて大阪万博では、同様に入口から走り出す来場者への対策が必要だったそうです。この時、主催者は小さな会場案内図を配ったそうです。走りながらでは文字は小さくて読めないため、走る人はかなり減ったそうです。

CASE　職場の人手を増やしたい

　県庁のある課は、常に忙しい部署で慢性的な人手不足になっています。毎年、担当課長は定数増を要求しているものの、人事課長は「人件費増となり、認められない」と言うばかりです。

　そこで、担当課長は自分のアイデアを伝えたところ、人事課長はあっさりと了承したのです。その結果、人手を増やすことに成功しました。その具体的方法は会計年度任用職員の活用でもないのですが、どのような方法でしょうか。

　答えは、**「研修派遣として市町村職員を受け入れる」**です。これならば、県庁職員も人件費も不要です。ここでも「いかに県庁職員を増やすか」または「いかに定数増をするか」ではなく、「人手を増やすにはどうするか」と問題の設定を変えるのです。

　ちなみに、この手法は実際に活用されているらしいのですが…。

［発想法2］
別人になって考える

CASE　放置自転車をなくしたい

　ある場所に遊歩道がありました。そこでは、親子が散歩を楽しむ姿が見られ、市民の憩いの場となっていました。しかし、最近、近くに大型商業施設ができ、この遊歩道に放置自転車が多発する事態となりました。

　施設には駐輪場があるのですが、遊歩道に自転車を置く人が後を絶たず、市の担当者も頭を抱えてしまいました。

　こうした中、あるアイデアにより、放置自転車を激減することが可能となったのです。さて、その方法とは何でしょうか。

　答えは、**「近所の小学生に放置自転車禁止の絵を描いてもらい、遊歩道の路上に貼った」**です。

　遊歩道を利用する子どもの視点で、「自転車を置いてはいけない場所に、なぜ大人は勝手に置くの？」という声を反映したのです。

　市役所職員の視点だと、警備員の配置、駐輪できないように囲いを設ける、放置自転車禁止の立て札を置くなどの発想になりがちです。

　しかし、それでは強制的に人を動かそうとするもので、やはり反発してしまう人も出てきてしまいます。それよりも、子どもの純真なメッセージの方が効果は絶大なようです。

　ちなみに、この方法は多くの自治体で活用されていて、実際に効果を上げているそうです。やはり、子どもの絵の上に堂々と自転車を置くのは躊躇してしまうようです。

市民まつりでは、市役所の様々な部署がブースを出展しています。人権課でも、人権啓発のために啓発冊子とティッシュをセットにしたグッズを配布しているのですが、市民の関心はあまり高くなく、ブース内を見学する人もあまりいません。

このため、職員がブース前に立ち「人権啓発の冊子をお配りしています」と声を掛けて、グッズを配り始めたのですが、やはりあまり受け取ってもらえません。しかし、別な職員が他の言葉で配布したところ、一気にグッズがなくなってしまいました。さて、何と言ってグッズを配ったのでしょう。

答えは、**「ただいま、ティッシュをお配りしています」**です。市民まつりですから、食べ歩きなどで、手を汚す人は少なくありません。しかし、ティッシュを持参して来場する人も少数です。そうした市民の立場になり、「ティッシュあります」とPRしたわけです。

もちろん、本来の目的は「人権啓発の冊子の配布」ですが、グッズにはティッシュとともに同封されていますので、冊子配布の目的は達成できるわけです。ただ周知方法が、「人権啓発の冊子をお配りしています」から「ただいま、ティッシュをお配りしています」に変わったわけです。「ティッシュで関心を引くなんておかしい」と考えるかもしれませんが、冊子が在庫として残るより、少なくとも市民の手に渡れば読んでもらえる可能性が出てきます。

ちなみに、「ただいま、お一人様1個の限定です」とすると、さらなる効果が見込まれるかもしれません。

06

［発想法3］
なくす・減らす

CASE　交通事故を防ぎたい

　見通しのよい、片道1車線の直線道路があります。ドライバーにとっては走りやすい道路なのですが、人通りが少ないことから、信号無視をする車も少なくありません。

　同様に、歩行者も、通行する車が少ないために信号を無視して、横断歩道を渡ってしまうことがあります。このため、よく交通事故が起きてしまうのです。

　日頃は、歩行者・車とも少ないため、警備員などを配置することも現実的ではないのですが、どのようにしたらよいでしょうか。

　答えは、「**信号機を撤去する**」です。

　信号機を撤去することで、歩行者・ドライバーともに周囲を十分注意するようになったのです。歩行者からすれば信号機のない横断歩道を渡ることになりますので、車の存在を確認します。ドライバーも、横断歩道を通過する際には、歩行者がいないかを注意します。

　このように、信号機をなくすことで、かえって周囲を注意するという心理を活用したのです。

　このように、既にあるものをあえてなくす、減らすこともラテラル・シンキングの視点の1つです。

　ちなみに、実際に警察はこのような箇所には、最初から信号機を設置しないこともあるようです。地域住民から「歩行者のために信号機の設置を」と求められても、「かえって危険になるから」と断るケースがあるようです。

混雑を避けて記念品を配りたい

　福祉センターでは、毎年、地域住民も参加できるお祭りを開催しています。その催し物の１つとしてスタンプラリーがあり、参加者に記念品を渡しています。

　記念品は、企業から提供されたもので10種類以上あるのですが、記念品を選ぶ参加者で会場がいつも混雑しています。

　企業の記念品はすべて活用して、すべての参加者に配付できるようにしたいのですが、どのようにすればよいでしょうか。

　答えは、「**記念品は３種類だけ展示して、なくなったら新たな記念品を追加する**」です。

　これは、人はたくさんの物から選ぶときには時間をかけてしまうのですが、少ないとすぐに選ぶことができるという人の心理を活用しています。

　ちなみに、これに関連して「ジャムの法則」というものがあります。これは、ジャムを24種類置いた場合と、６種類置いた場合とでは、６種類置いた方が売れるという結果に基づき、選択肢が多すぎると１つのものを選べなくなる心理現象を指します。

　また、「松竹梅の法則」というのもあります。

　これは、商品の値段を高い・真ん中・安いの３種類にすると、真ん中を購入する人が多いという法則です。これは、人は極端を回避する傾向があるため、最も高いもの、最も安いものを無意識に避ける心理を指します。

07

［発想法4］
マイナスをプラスに変える

CASE 空き家問題を解決したい

　少子高齢化に伴う人口減少で、各地で空き家が大きな問題になっています。子どもや孫世代が大都市へ転出してしまうため、老齢の親が亡くなると家だけが取り残されてしまうのです。

　しかし、これでは防犯や防災をはじめ、様々な問題が発生します。また、いずれ行政代執行で解体するようなことになれば、自治体の負担も増大してしまいます。

　この問題を解決するためには、どのような解決方法があるでしょうか。

　答えは、「**家を無料または安価で販売・賃貸する制度を作り、移住・企業誘致の促進策とする**」です。

　この制度は、多くの自治体で実施しているので、すぐにわかった人も多いと思います。新型コロナウイルス感染症の影響で、地方移住やワーケーションなどが注目されています。わざわざ都心に住まなくでも、リモートワークで十分に生活できることが浸透してきました。このため、この制度はますます活用されるかもしれません。

　ちなみに、自治体がWi-Fiなどインフラ環境の整備まで行い、企業誘致している例もあります。これで人口増となれば、税収増が見込めますので、初期投資しても十分な見返りを期待できるのです。

さびれた温泉街に人を集めたい

　かつて活気を帯びていたとある温泉街が、今ではすっかり寂しくなってしまいました。

　このため、旅館の女将たちは何かしらの対策を考えることとしましたが、お金はなく、歓楽街もありません。夜になると商店街はシャッター通りになってしまいました。

　しかし、これを上手く活用したイベントを開催したところ、多くの宿泊客が集まるようになったのです。さて、どのようなイベントを企画したのでしょうか。

　答えは、「**ちょうちんウォーク**」です。

　夜の街が暗い、歓楽街もない、ライトアップするお金もないことから、反対に暗さを活用するイベントを考えたのです。

　女将たちの先導のもと、かつてどの旅館にもあったちょうちんを手にして、暗い街や川沿いを歩くツアーを企画したところ、都会の人に人気のツアーとなったのです。暗さが、逆に風情を感じさせ、次第に温泉街に活気が戻ってきたというのです。

　ちなみに、このようなマイナスをプラスに変える発想は、いろいろなところで見られます。

　ある過疎地は特に名産品もなく、若者は都会へ出てしまい、高齢者だけが取り残されてしまいました。そこで、山に行けばどこにでもある「葉っぱ」を売り出すことにしたのです。

　これを「つまもの」（料理を引き立てるための葉・花などの植物）として売り出し、全国に出荷するようにしたのです。高齢者にとっては、「葉っぱ」集めや箱詰めがよい収入源になりました（参考：川村透『答えはいつも、自分の枠の外にある！　ものの見方が一瞬で変わるドリル31』ダイヤモンド社）。

08

［発想法 5］
他のもの・人を活用する

CASE　住民に施設整備を理解してもらいたい

　市内のある地区で、障害者施設を整備することになりました。その地区に関係する議員や町会長などへの根回しは無事に終わり、了承を取り付けることができました。

　あとは住民説明会を開催するだけなのですが、近くのマンション住民が「不動産価格が下落するので、住民説明会で反対するらしい」との情報が入ってきました。

　このため、担当者は住民説明会を無事に終えるために、ある対策を行ったところ、何とか住民説明会で了承を得ることができました。さて、職員はどのような対策を行ったのでしょうか。

　答えは、**「障害者本人、家族、障害者施設運営事業者の職員に、住民説明会に出席してもらった」**です。

　このような事例で、事前に何も対応しないと、住民説明会はマンション住民の「建設反対！」の声だけになってしまいます。

　このため、障害者本人などにも出席してもらい、その必要性を当事者から語ってもらったのです。こうすると、なかなかマンション住民も反対を言いづらくなり、「建設反対！」一色の住民説明会にはならないのです。

　ちなみに、住民説明会ではこうした根回しや対策を考えずに実施してしまうと、取り返しのつかないことになってしまうので十分な注意が必要です。

　もし、先のケースで根回しも対策も行わずに住民説明会を開催すると、

「地域住民は反対している」と地域全体が反対しているように見られてしまうので、職員としては事前に十分に検討することが必要です。

CASE　予算ゼロで記念品を配布したい

急きょ、児童・生徒を対象にした、交通安全に関するイベントを来月の日曜日に開催することになりました。あまりに急だったために、担当課長は頭を抱えてしまいました。学校にも出席を依頼したものの、本当に出席するかはわからないとのことでした。

そのため、課長は事前に市広報紙のイベント告知で「参加記念品贈呈」と掲載して集客を狙いました。

しかし、後になって職員から「予算がないので、記念品を購入できない」と言われてしまいました。実際には記念品を配布することができたのですが、どのように対応したのでしょうか。

答えは、**「庁内に、各種イベントやスポーツ大会などで残った記念品を提供するように呼び掛けた」**です。

こうした記念品は、意外に庁内では残っています。ボールペン、メモ帳、ハンカチなど、様々な物があるものです。こうした物を活用すれば、十分に記念品になります。また、それ以外にも賞味期限の迫った備蓄食料なども考えられます。

ちなみに、この「他のもの・人を活用する」は、視野が狭いとなかなかこの発想に至りません。

例えば、「予算がないとできない」と職員はすぐに考えがちです。しかし、CASE のように庁内の他部署や関係機関などに目を向けると、意外に活用できることも少なくありません。自分の部署の予算がないので、他部署の予算を流用させた強者もいます。

09

［発想法 6］
組み合わせてみる

CASE　予算ゼロで窓口にモニターを設置したい

　年度切替の時期の市民課は、例年、転入・転出の手続きで混雑します。待ち時間も長くなってしまうことから、苦情も多数寄せられてしまうのです。

　このため、担当職員は少しでも快適に過ごしてもらおうと、何か映像でも流せないかと考えたのですが、「財政状況が厳しい中で、テレビなどを購入する余裕はない」と財政課に反対されてしまいました。

　しかし、職員はある方法でモニターを設置することができました。そして、住民だけでなく、なんと財政課も喜んだというのですが、それはどのような方法でしょうか。

　答えは、**「デジタルサイネージを設置して、広告収入を得た」**です。

　デジタルサイネージの設置には、自治体の設置や維持に関わる費用負担はなく、反対に広告収入を得ることができます。なぜなら、広告代理店が広告をしたい業者から費用を徴収するからです。

　しかし、映像は広告だけでなく、市からのお知らせ（イベント、防災情報など）やケーブルテレビの番組なども放送することもできますので、窓口で待っている市民にとってもメリットがあるのです。

　自治体からすれば、無料で機器を設置できるだけでなく、収入まであるのですから、これほど良いことはありません。「窓口で待つ市民」と「お金がない」を組み合わせることで、反対に広告事業を導いたわけです。

　ちなみに、デジタルサイネージは、災害時や緊急時には、平常時と異

なる被害状況や避難所に関する情報などを流すことも可能です。

　ある老人ホームの職員が、入所者たちの生活が単調になっていることを気にしていました。高齢者施設のため、安全第一は当然のことなのですが、やはり刺激が少ないと、入所者たちの衰えが進んでいくようにも感じるのです。

　そんなある日、仕事を終えて家に帰ると、小学生の息子がゲームで遊んでいました。その様子はいつものことなのですが、子どもが学校と家の往復だけで、閉ざされた人間関係で生活しているようにも思えました。

　このようなことを考えていると、老人ホームの入所者にとっても、子どもにとってもメリットがあるアイデアが浮かびました。それは、何でしょうか。

　答えは、**「老人ホームにゲーム機を置いて、子どもたちに指導してもらう」**です。

　これにより、入所者にとっては手先の運動になり、また入所者・子どもの両者にとって、異世代交流が可能となります。子どもたちも好きなゲームで交流できれば、苦ではありません。この両者を組み合わせて考えることで、問題が解決できるのです。

　ちなみに、高齢者が学校を訪れて、一緒に給食を食べるような取組みを行っている自治体もあります。異世代交流は、両者が楽しめることがポイントのようです。

10

［発想法 7］
問題そのものをなくす

CASE　「使い捨て鉛筆」を捨てるのを防ぎたい

　市で実施する総合防災訓練では、訓練終了時に参加者である地域住民、関係機関の職員などに簡易なアンケートを取っています。そのアンケートは、いわゆる「使い捨て鉛筆」とも呼ばれる、クリップ付きペンシルで記入してもらっています。そして、アンケート提出後に参加記念品を渡しているのです。

　しかし、アンケート記入後、そのペンを路上に捨ててしまう人が出てしまい、ごみの発生が問題となっていました。

　そこで、職員があるアイデアを思いつき、それを実施したところ、全くごみが発生しなくなったというのです。果たして、その職員のアイデアとは何でしょうか。

　答えは、「**クリップ付きペンシルの代わりに、記念品の 1 つとしてボールペンを配り、それを使って、アンケートを記入してもらった**」です。

　記入に使うボールペンも記念品なので、参加者は他の記念品とともに持ち帰るので、ごみにはならないのです。

　このように、ごみとして問題となっている「クリップ付きペンシル」そのものをやめてしまうのです。

　ちなみに、このように「問題そのものをなくす」ことで有名な事例は、アイスクリームです。カップで販売していたところ、カップがごみとなってしまうため、コーンに乗せて販売したところ、ごみがなくなったのです。

CASE カラスによるごみの散乱を防ぐには？

　ある市では、カラスによるごみの散乱に悩んでいました。ごみ収集車が来る前に、早朝に出されたごみがカラスによって食い散らかされてしまうのです。これは、単に衛生上の問題だけでなく、児童・生徒の安全上の問題にもなっています。

　このため、市ではある対策を行ったところ、カラス被害が全くなくなったといいます。それは、ごみ集積所に網をかけるなどではないというのですが、どのような方法だったのでしょうか。

　答えは、**「ごみ収集を深夜に行うようにした」**です。

　深夜であれば、カラスは活動しませんので、カラス被害は全くなくなるわけです。また、深夜収集にしたことで、朝に生ごみの臭いが周囲に充満しない、ごみ収集車が走るので防犯効果もあったとされています。

　ただし、深夜収集にはデメリットもあります。それは、昼間収集よりも費用がかかること、ごみ収集車の騒音などです。実際に、深夜収集を実施するかどうかは、こうした点を比較考量して判断することになりそうです。

　ちなみに、この「問題そのものをなくす」ことができると、非常に爽快です。

　ロジカル・シンキングでは「いかにカラスにごみの散乱をさせないか」について様々な防御策を考えてしまいますが、ラテラル・シンキングでは「そもそもカラスがごみの散乱をしない状態とは」と発想が大きく変わるのです。

仕事を増やす人・減らす人

　ラテラルシンキングを知ると、ただ「目の前にある問題を解決する」ことが本当に正しいのか、疑問に感じることがあります。

　例えば、新型コロナウイルス感染症の影響で、給付金や融資の申込みが急増しました。そのため、本来ならば感染防止のために、人同士の接触を避けなければならないのに、窓口に住民が押し寄せる事態となってしまいました。

　これを見た職員Aは、「大変だ。住民が待機できる会場の確保や、対応する職員の増員をしなければならない。それに、手続きに時間がかかることを、住民に広報しなくては」と考えます。

　しかし、職員Bは、「大量の申請があるなら、いっそのことホームページから申請できるようにしよう。そうすれば住民は来庁しなくて済む。そして、このシステム改修やコールセンターを民間委託しよう。そのほうが役所が自前で対応するよりも早いし、役所の負担も減る」と考えます。

　同じ状況を目の前にしても、職員の考えは全然違います。しかし、住民にとっても、自治体にとっても、どちらが有益なのかは明白です。

　この事例は、内容をかなり単純化しています。しかし、単に「目の前にある問題を解決する」という視点にとらわれてしまうと、真の問題解決から遠ざかってしまうことがわかります。結局は、職員Aは仕事を増やす人、職員Bは仕事を減らす人になっています。

　もし、この職員A・Bが課長だったら、その下にいる職員の負担は大きく違ってきます。職員Bの下にいる職員だったら、きっと「この課長の部下で良かった」と感謝することでしょう。

第6章

「問題」の見つけ方・設定の仕方

それは誰の問題か

改めて、そもそも問題とは何か

本書ではこれまで、ロジカル・シンキングのツールであるフレームワーク、そしてラテラル・シンキングについて解説してきました。

これらの目的は、大きくいえば「問題解決のため」ですが、そもそも「問題とは何か」を正確に理解せず、解決を図ろうとしても、前提が間違っていては、正しい答えにたどり着くことはできません。

「問題」とは、簡単にいえば「解決すべき事項やトラブル」ですが、これでは抽象的で、解決策を考えるには漠然としています。

そこで、次のCASEを読み、皆さんが考える「問題」を指摘してください。

CASE 怒り出した議員

防災課では、各地域で結成されている自主防災組織が独自に防災訓練を実施するときに、防災グッズを記念品として渡している。

ある日、高齢女性が窓口に訪れたので、今年入庁した女性職員が「おばあさん、何か御用ですか？」と声を掛けた。

すると、その女性は「おばあさんとは、何という言い草だ！　私は、市議会議員の〇〇なのに、顔もわからないのか。今日は、記念品を取りに来ると、前もって課長に伝えていたのに、この対応はなんだ！」と声を荒げた。その議員は怒りっぽいことで有名で、議長経験もあるベテラン議員だった。

たまたま課長は電話中だったが、窓口の異変に気づき、驚いた様子だった。

さて、この CASE の問題とは何でしょうか。

本来は、議員が記念品を受け取るだけのことですが、トラブルが発生してしまい、円滑に事が進みませんでした。

この CASE では、まず「誰の問題か」という問題の主体を考える必要があります。

トラブルが発生した理由として、以下の2点が読み取れます。

①課長が職員に議員が来ることを伝えていなかった

②女性職員が「おばあさん」と声を掛けた

そうすると、**①は課長の問題、②は女性職員の問題、もしくは女性職員への接遇指導が不十分だった課長の問題**、といえそうです。

しかし、仮にその議員の顔を知っていたのに、係長が対応しなかったのであれば、**③新人職員に対応を任せてしまった係長の問題**、とも捉えられます。

もちろん、**個別の職員でなく、「防災課における組織の問題」**と捉えれば、①～③すべてが問題という指摘ができます。

ところで、「怒りっぽい議員」は問題でしょうか。

この CASE であれば、「あんなことで怒るなんて、議員の方がおかしい」という職員の声も聞こえてきそうです。

このため一見問題のように見えてしまいますが、自治体から見れば「怒りっぽい議員」の性格を改めるのは不可能です。つまり、怒りっぽい性格は議員の問題かもしれませんが、自治体にとっては問題にはなりません。アドラー心理学でいえば、**「他者の課題」**であって**「自己の課題」にはならない**のです。

このように、そもそも問題を考える場合は、「誰の問題か」は重要な視点です。これを間違えてしまうと、解決すべき問題を取り違えてしまいます。

本当に解決すべき問題は何か

何を問題として設定すべきか

　実際の職場では、トラブルは1つだけでなく、同時に複数発生することがあります。このようなとき、「何を問題として設定するか」という視点が重要となります。これも、事例で考えてみたいと思います。

CASE　町会長代表、議員からの苦情

　地域振興課は、市内で実施される各地区まつりを所管している。

　いずれの地区まつりもオープニングセレモニーの企画・調整・実施は地域振興課が担当し、その他の業務は各町会が主体となっている。

　しかし、今年度は担当者が変更したこともあり、セレモニーの内容がなかなか決まらないでいた。

　ある日、町会長代表から課長に電話があり、「いつになったら、セレモニーの内容が決まるのか。先月までに案を示すと担当者は言ったのに、まだ連絡もなく、お詫びもない」と怒鳴った。

　続けて、議員からも電話が入り、「セレモニーの件で、町会長たちは怒っている。いつも、地域振興課は町会とトラブルを起こしており、今度の議会で追及する」と言ってきた。

　さて、このCASEでも「解決すべき事項やトラブル」はいくつか指摘できます。例えば、次のような点が読み取れるでしょう。

①町会長代表はセレモニーの案が示されないことを不満に感じている
②町会長代表は、担当職員のお詫びがないと怒っている

③町会長たちの話を聞いた議員は、このことも含め地域振興課の対応に不満を持っている

　この①〜③の問題を時系列で考えると、「担当者が案を示さない」→「町会長代表が不満を持つ」→「町会長たちの話を聞いた議員が怒る」となります。

　つまり、**このCASEのそもそもの問題は、「担当者が案を示さない」ことにあります**。このため、慌てて課長が町会長代表や議員に謝罪をしても、セレモニーの案を示されなければ、いつまでも問題は解決しないことになります。

　このことは、「何を問題として設定するか」が重要であることを示しています。

　CASEでいえば、「町会長代表や議員の苦情に対応する」ことは二次的な問題であり、**「案を示す」という一次的な問題を解決することが最重要となります**。単に謝罪をするだけで、案を示すことがなければ、いつまでも事態は正常化しません。さらに、事態が悪化する負の連鎖（スパイラル）を生んでしまうかもしれません。

　なお、この問題の設定は時系列以外の事例でも起こります。

　例えば、自治体財政が悪化している場合では、①歳入が少ない（税収が少ないなど）、②無駄な歳出が多い（類似の事業が行われているなど）、③預金が足りない（基金残高が少ない）、④借金が多い（起債残高が多い）、などいくつかの問題が考えられます。

　この場合、一度にすべての問題を解決することは困難ですから、何から着手するのか、つまりどれを最重要の問題と設定するのかが、問われてきます。

　このように、問題の設定は重要な視点なのです。

03 問題を発見・特定できているか

様々な事情が複雑に絡み合うとき

　自治体では、いろいろな問題が日々発生しています。

　住民からのクレーム、施設の老朽化による事故の発生、手当の誤支給や個人情報の紛失のミスなど、本当に様々です。

　住民からの「ホームページの児童扶養手当の説明がわかりにくい」というような苦情であれば、すぐに修正が可能ですので、対応はそれほど難しくありません。しかし、様々な事情が絡み合って、すぐに対応できないものや、何が本当の問題なのか、時間をかけて調べないとわからないようなこともあります。

　例えば、次のような事例があります。

CASE　忙しい係への応援をめぐる不満

　生活保護課では、住居を喪失、またはその恐れのある世帯に対して家賃相当額を支給する住居確保給付金の事務を行っている。

　今年に入り、新型コロナウイルス感染症の影響で、その申請数は昨年の10倍以上となった。しかし、担当する自立係の職員数は増えていないため、住民への支給決定が遅れる事態が発生している。

　このため、課長は自立係長以外の係長たちを集めて、応援体制を構築したい旨を話した。

　しかし、係長たちからは、「現在の業務で手一杯で、応援する余裕がない」「日中、自立係の職員は無駄話をしており、まだまだ余裕があるように見える」などの意見が出て、自立係の応援に全員が反対した。

この CASE を課長の立場で考えてみましょう。

多くの申請がきているにもかかわらず、支給決定が遅れれば、住民サービスの低下になります。

このため、どうしても人手が必要ですが、人事課に職員増を求めても、年度の途中では実質困難です。また、新たに会計年度任用職員の採用や、他課に応援を依頼する方法もありますが、いずれも時間がかかってしまいます。

以上を踏まえると、やはり課内の応援体制が最も現実的です。

しかし、係長たちは反対していますので、これを解決する必要があります。この場合、なぜ係長たちが反対しているのかを調べる必要があります。

先の「自立係の職員は無駄話をしており、まだまだ余裕があるように見える」との意見からは、自立係職員に対する不信感が読み取れます。

そこで、その意見を出した係長を呼び出して個別に話を聞いてみると、「自立係長は、自分は忙しいからと、いつも部下に仕事を押しつけている。そのくせ、係長自身は仕事に関係のないおしゃべりばかりしている」と言います。

そこで、自立係長に聞くと「昨年までは、事務を熟知していたA主任がすべて対応してくれたが、異動してしまった。だから、今年はB主任に任せている」との話がありました。

つまり、**他の係長たちは自立係長に対する不満があるために応援を拒否しており、問題は自立係長の業務のやり方にあったことが判明するわけです。** これが真に解決すべき問題です。

課長が「係長たちが反対しているから、もう手の施しようがない」と諦めてしまっては、この事態を解決することはできません。課長としては、「何が本当の問題なのか」を発見し、特定することが必要となります。

04

住民の不満・クレームから問題を見つける

顧客＝住民の声に耳を傾ける

　自治体には様々な問題が発生しますが、問題は必ずしも目の前にあるもの、目に見えているものとは限りません。大きなトラブルの影に隠れていたり、つい見逃してしまったりする現象の中に、本当の問題があることも少なくありません。

　このため、自治体職員には問題を発見する能力が必要となります。言い換えれば、日頃の業務において問題を見極める力が必要です。そこで、実際にどのようにして問題を見つけたらよいか、場面別に解説していきたいと思います。

　まず、住民の不満・クレームです。

　自治体は住民福祉の向上を目的としていますから、顧客ともいえる住民の声をよく聞くことは当然のことです。では、実際にどのような点に注意すればよいのでしょうか。

統計・データ

　市民世論調査、住民アンケートなどは、数値として住民の意識などを把握できますので、重要な材料となります。

　例えば、世論調査で「重点を置いてほしい施策」として高順位の分野であれば、重点的に予算を投じることにつながります。また、地域包括ケア計画のように、個別の行政計画を策定する場合には、高齢者などの対象を特定して調査を実施しますので、よりターゲットを絞った検討が可能となります。なお、職員としてはクロス分析のように、複数の統計・データから問題を抽出する能力も求められます。

住民からの直接の意見

　住民から直接意見を聞く機会としては、施設改修などに行う住民説明会や、行政計画策定の委員会における公募市民の意見などがあります。また、保護者説明会のように、特定の利害関係者を対象にするものもありますが、これは説得力のある意見も多く出されます。

　さらに、こうした正式な場だけでなく、窓口で対応している市民からのちょっとした発言なども、住民サービスや業務の改善につながるヒントが隠れていることもあります。

広聴部門などの専用窓口からの意見

　具体的には、「市長へのはがき」「市長へのメール」、または請願・陳情などがあります（請願・陳情は市長あてでなく、議会あてに提出する方法もあります）。最近では、メールが一般的になったため、住民は意見が言いやすい環境になっています。そのため、単なる悪口のようなものもありますが、「ホームページがわかりにくい」など、住民向けの案内を見直すきっかけになることもあります。寄せられた意見を単に機械的に処理するだけでなく、問題発見につなげることもできます。

　上記以外のものとしては、SNSもあります。自治体に直接意見を伝えるのではなく、SNSで問題提起をして、そこに賛同者が集まることもあります。このため、検索力も職員には必要な能力となってきました。

　さらに、注意すべきは「声なき声」「サイレントマジョリティ」の存在です。あまり自治体の動向に興味がないものの、多くの人が自治体に対して抱いている意見や感情というものがあります。これをどのように見つけ出すかは、なかなか難しいことですが、先の窓口でのちょっとした発言など、様々な機会を通じて収集することが求められます。

05

議会の指摘事項から
問題を見つける

住民代表である議会・議員を軽視しない

　執行機関からすると、議決機関である議会は、常に問題提起をしてくれる機関です。住民代表である議員は、住民の投票によって選ばれていますので、住民のニーズや動向に非常に敏感です。

　例えば、特定地域を地盤としている議員であれば、その地域で発生したトラブルがあれば、すぐに自治体に状況を確認してきます。

　また、町会・自治会、PTA などの関係者の意見を常に注視していますので、議会の委員会などでそうした関係者の意見を代弁することも少なくありません。

　こうした議会からの指摘については、どのような点に注意すべきでしょうか。

本会議や委員会における質問や意見

　本会議・委員会における発言は、まさに公式発言ですから、議員にとっては最も重要なものとなります。

　このため、自治体としても重く受け止めることは当然なのですが、管理職ではない一般職員の中には、あまり気にしていない職員もいます。しかし、やはり自分の事業に関係するものなどについては、本会議録や委員会記録でチェックしておきたいものです。

SNS や PR 紙など、議員または会派が発行する広報媒体

　現在、多くの議員が自分のサイトを持っていたり、SNS で情報発信したりすることが多くなってきました。例えば、新型コロナウイルス感染症が話題となったときは、いかに自治体が発する情報を自分のサイト

などに掲載するか、議員間の競争のような事態も発生しました。このため、注目する議員のSNSをチェックしたり、リアルタイム検索をしたりすることも、問題発見につながります。

議員との直接の会話

これは、実際には管理職でないと難しいかもしれませんが、議員の本音は、やはり直接話さないとわからないことがあります。

例えば、**先の本会議や委員会の発言やSNSの内容も、住民にアピールするための内容であって、議員本人はそのように考えていないということも実際にあります**。それは、住民の代表である議員のつらいところかもしれませんが、この本音と建て前が違うことも、職員としては押さえておきたいポイントです。

なお、一般的に議会内では会派が結成されます。

会派とは、同じような思想・信条を持つ議員のグループですが、人数が多いほど委員長ポストなど役職を獲得しやすいなどのメリットがあります。

こうした会派の中には、国政政党と強いパイプで結ばれている会派もあります。こうした会派では、国政の問題であっても、議会で取り上げることもありますので、職員としては国政の動向などにも注意する必要があります。

また、議会を考える場合、首長から見て与党か野党かは、大事なポイントです。例えば、誰もが必要な事業と思っていても、それが野党会派から提案されると、首長としては実現には二の足を踏んでしまいます。このように、議員個人でなく、会派という視点も大事になります。

06

監査・外部評価から
問題を見つける

外から指摘された問題へのアプローチ

　議会と同様に、執行機関に問題提起をしてくれる機関として、監査や外部評価があります。

　監査は、一般的に監査委員による内部監査と、公認会計士や弁護士などの外部の専門家と個別に契約して行う外部監査があります。また、行政評価制度も、職員自身が行う内部評価と、大学教授や民間企業の有識者などが行う外部評価があります。

　ここでは、内部監査・外部監査・外部評価を取り上げます。これらに共通していえることは、自治体職員以外の外部の有識者等から問題提起がされることです。こうした指摘について、注意すべき点について考えてみたいと思います。

公式の報告書

　いうまでもありませんが、監査であれ外部評価であれ、最終的には報告書にまとめられて当該課へ通知されます。

　また、対外的に公表され、住民の目にも触れることになります。この報告書が正式な監査や外部評価の結果となりますので、職員としてこれに着目するのは当然のことです。

各種委員との会話から得られる気づき

　監査や外部評価では、これが特に重要です。

　いずれの場合でも、一般的には担当者や課長へのヒアリングや意見交換が行われて、報告書がまとめられます。この際、外部の専門家などは、役所の現状や事情を十分に把握しているわけではないので、自治体職員

としてはその意見に大きなギャップを感じることが少なくありません。

「そんなこと言われても、できるわけない」「そんな意見は、役所のルールを知らないからだ」と、つい担当者が愚痴を言いたくなることも多いのです。そして、「委員はわかっていない」などと言いがちですが、これは再考する必要があります。

例えば、公認会計士から見れば、「今の担当者の説明など、一般企業だったら通用しない」とあっさりと切り捨てることがあります。

それほどまでに、公認会計士は自治体の業務に違和感を覚えている証拠なのです。

もちろん、外部の委員がすべて正しいというわけではなく、現在の自治体の状況からいえば、そうした指摘は現実的には困難だと感じることもあると思います。

しかし、このときに**「そんなことは無理だ」とはねつけるのではなく、「専門家からすれば、そう考えるのだな」と考えの違いを認識することが大事になるのです。**そのように一歩引いてみることで、今後の改善に結びつくことになります。

ちなみに、担当者が事務手順などを外部の専門家に説明する際に、実は単なる前例踏襲だったり、実は実際の根拠規定とは違っていたりすることもあります。つまり、十分な説明ができないことが、既に問題が発生していることを教えてくれることもあるのです。

さらに、専門家の意見は、企業の最新のトレンドやトピックを反映していることもあり、役所が時代遅れであることもあります。例えば、在宅勤務はなかなか自治体では進みませんが、企業では残業代や交通費の削減、従業員のメンタルヘルスなどの視点から、積極的に導入されています。このようなギャップを認識することが、業務改善のヒントになります。

事件・事故を業務改善につなげる

　事件・事故はトラブルそのものですから、自治体にとってはまさに解決すべき事項・トラブルです。

　しかし、この事件・事故の発生は、職員に様々な業務改善のためのヒントを与えてくれます。なぜなら、もし防ぐことができた事件・事故であれば、その対応を行わなかったという不作為があることを示しているからです。不作為がなくなれば事件・事故はなくなり、業務改善につながります。

　そこで、この事件・事故を業務改善につなげるための視点について、具体的に考えてみたいと思います。

事前に対応していれば、防ぐことができた事件・事故

　例えば、「同一世帯に、誤って手当を2回振り込んでしまった」「施設の老朽化により、壁が崩れた」などは、今でもよくマスコミで報道されます。前者であれば、情報システム上のエラーチェックを、後者であれば、定期的な施設の点検を行えば、防ぐことはできたはずです。

　しかし、実際にはそれを怠り、事件・事故は発生してしまったわけです。こうした場合には、問題点を明確にし、対応策を考えて、再発防止につなげていく必要があります。

事前に対応できない事件・事故

　例えば、地震などの自然災害の発生を防ぐことはできません。しかし、地震の被害を最小限に抑えることができたかは、別の問題です。地震が発生しても、できる限り被害を減らす「減災」の取組みを行ってきたかは、自治体にとって大事な視点です。同様に、交通事故から児童・生徒

を守る、振り込め詐欺から高齢者を守る、などもあります。

　このように、発生件数をゼロにするのは難しいものの、被害を最小限にする危機管理能力も重要な視点になってきます。

職員の意識啓発以外の取組み

　このような事件・事故が発生した場合、よく「職員の意識が不十分だった」と指摘されます。職員のモラル意識が欠如していたために「生活保護費を着服した」などの事態が発生することもあります。

　しかし、「生活保護費を職員が物理的に盗めない」仕組みや制度を作ることも大事です。例えば、保護費をすべて銀行振り込みにすれば盗むことはできません。

　このように、事件・事故の再発防止策を「職員の意識の徹底」だけに頼らないことが必要です。そのためには、職員の行動に横串を指すような、仕組み・制度の視点が重要です。

　上記のように、事前の対応で防ぐことができた事件・事故ならば、再発防止のための問題点を明確にして、対応策を講じます。事前の対応が不可の場合は、被害を最小限にするための取組みを考えます。そして、いずれの場合も、**解決策を考える場合には、「職員の意識の徹底」だけでなく、仕組みや制度の構築を考えることが大事になります。**

　1つの事件・事故の背景には、制度的な欠陥が存在しているものの、たまたま大きな事件・事故にならなかっただけということもあります。小さな事件・事故の段階で、早急に問題を見つけて、大きな事件・事故にしないことが求められます。

組織目標の未達から問題を探る

　組織目標が達成されないことも、自治体にとっては問題です。

　そもそもの制度論からいえば、組織はその目標を達成することが使命ですから、それが実現できなければ、組織が機能していない証拠です。

　基本的には、年度当初に各部で目標を設定します。各部の目標に基づき、各課が目標を設定し、さらに各係、各職員のレベルで目標を設定します。職員は、上司との面接を通じて、目標管理するのが、本来のあり方です。

　しかし、おそらく「うちの職場では、そんなに厳密に目標を管理していない」という職員が多いのではないでしょうか。

　地方公務員制度上の人事評価の難しさとしても指摘されますが、自治体職員の場合、目標を数値で掲げにくい面があります。

　どうしても「さらなる住民サービスの向上を図る」のようなスローガン的なものになりがちです。このため、組織目標未達成という意識を持ちにくいことも事実です。

　しかしながら、**「いかに組織として成果を残すことができたか」という視点がなければ、組織が本当に機能しているのかを判断することはできません**。やはり、組織目標は重要な視点なのです。そこで、次のような点に注意が必要です。

組織目標の設定そのものが誤っていないか

　具体的には、「職場の実態に合っていない目標」「目標が抽象的で、具体的なゴールがわからない」「実現困難な高すぎる目標」などが考えられます。

　組織目標そのものが間違っていれば、当然のことながら、それを達成

することはできません。

組織目標実現のための手段や方法に問題がないか

　よく経営資源として「ヒト・モノ・カネ・情報」といいます。

　例えば、住民への啓発を行う事業なのに、十分な印刷経費がない、説明会を開催したくても職員が不足しているなど、資源が不足している場合です。また、組織として実施するべき手段や方法についての認識がバラバラでも、実現は困難となります。

目標に対する職員の認識不足

　これは部長や一般職員などの職位にかかわらず、どの職員でも起こり得るものです。

　例えば、部長が年度当初に部の目標を設定するものの、部長自身がその内容を十分に意識することなく業務を行っていることがあります。これでは、その下の課、係、各職員に目標達成を求めることは困難となってしまいます。

　前述したように、「そもそも組織目標に対する認識が低い」ことは、残念ながら自治体ではよく見られることです。

　しかし、PDCAサイクルのように、「計画→実行→評価→改善」のように、常に組織がレベルアップするようなシステムがないと、組織そのものの存在意義が問われてしまいます。

　管理職はもちろんのこと、一般職員であってもこの目標という視点で考えることは、業務改善の面からも非常に重要となります。

1つのミスの
背景にある問題を探る

　自治体では、よくミスが発生します。

　先に取り上げた事件・事故はマスコミで報道されるような出来事に対し、このミスは事務的なものです。このため、問題意識を持たなければ、一般的には見過ごしてしまうような軽微な内容です。

　事例としては、起案文書や会計書類の不備、上司や関係部署への連絡漏れ、作成資料や印刷物の誤り、統計・データの集計ミス、メールの誤送信、重要なファイルの消去などが考えられます。

　職員であれば誰でも「うっかりミス」を経験するものです。

　もちろん、こうした経験を通じて職員が学習し、次回からミスがなくなれば、それで問題はありません。しかし、**ミスが繰り返されるようであれば、そこには何かしらの問題があることを疑うべきです**。そこで、次のような点について注意が必要です。

ミスを起こしてしまう構造的・制度的な欠陥がないか

　例えば、スポーツ施設で入館者を時間別・男女別・年齢別で集計するとします。

　この場合、1人の職員が入館者の来るたびにチェックしていては、なかなか間違いをなくすことはできません。入館者の情報を含んだIC入館証を利用者に持たせれば、いちいちカウントする必要はなくなります。もちろん、導入経費が必要ですが、入館者を数える職員の人件費を考えれば、一概に高額とはいえません。システム導入で、ミスをなくすことができます。

エラーチェック体制があるか

例えば、定例的な起案文書でありながら、いつも文書担当から修正を求められるとします。

このような場合は、起案した職員のスキルよりも、係・課として起案文書の作成・チェック体制に問題があることになります。対応策として、起案文書のチェック項目を一覧表にしておきます。これにより、起案者、係長、課長など、複数でエラーをチェックすることが可能となり、ミスをなくすことが可能となります。

職員個人がミスを起こさないような環境が整備されているか

例えば、新人職員が役所の情報システムを熟知していないため、メールを誤送信してしまう、電子決裁に必要な合議者を入れていなかった、ということがあります。

これは、もちろん職員個人の問題もありますが、組織全体で考えた場合、十分な研修制度や操作説明会を実施していなかったという問題が見つかることもあります。つまり、職員個人の問題とするのではなく、組織の問題として捉えるわけです。

このように、1つのミスであっても、その背景に潜む問題を見つけることができます。

もし、職員にこうした問題意識がなければ、「単なる事務上のミス」と見逃してしまいます。しかし、それが後々、重要な事件・事故の要因になったり、実は大きな問題の兆候であったりすることもあるので、職員としては注意が必要です。

10 職員の不満に潜む組織の問題を見つける

　職員が不満・クレームを抱えていることは、職場に何かしらの問題がある場合があります。

　もちろん、その職員が「ただ怠けたい」「自分が楽をしたい」などの、わがままな理由は論外です。しかし、職員が業務について何かしらの違和感を覚えているならば、解決すべき課題となります。

　では、実際に職員の不満・クレームが、どのような問題と結びつくことがあるでしょうか。

業務の見直し

　例えば、慢性的に残業している職場があるとします。

　職員の誰もが長時間の残業や土日出勤に辟易としているならば、「どうにかして、残業を減らす取組みをしよう」という雰囲気が生まれてくるものです。これが、事業の執行方法の見直しや職員間の連携に着手するきっかけになります。もし、「残業を避けられない」とあきらめてしまっては、いつまで経っても残業はなくなりません。

組織運営の見直し

　例えば、同じ課内であっても、係によって業務の繁閑に大きな違いがあったとします。

　市民課市民係は、年度の切り替え時期は忙しいものの、同じ課の協働係の職員は常に余裕があるとすると、市民係職員は「なぜ、市民係だけが……」と考えてしまいます。こうした時は、課内の連携体制を考えるよいチャンスになります。何も手をつけないと、職員の不満は高まる一方となり、職場の雰囲気はさらに悪くなってしまいます。

コミュニケーションの見直し

　職員の不満・クレームで最も多いのは、対人関係によるものです。

　これは単に好き嫌いということもありますが、コミュニケーション不足によって、勘違いや誤解が生じていることも少なくありません。

　これを個人的な問題として、その人任せにするのではなく、組織におけるコミュニケーションの活性化という視点で考えると「連絡体制が不十分」「課題を共有する場がない」などの問題点が見えてきます。

　以上のように、職員の不満・クレームからも、様々問題を見つけることができます。いずれの場合も、**「これは〇〇さん個人の問題ではなく、本当は組織上の問題ではないのか」**と考えることが必要です。

　ちなみに、職員の不満・クレームを業務改善に反映させる仕組みとして、職員提案制度が実施されている自治体もあります。ただ、この制度を活用した場合、「日頃は何の問題提起もしないくせに、提案制度で職場の不満をぶつけるのか」と、余計に問題をこじらせてしまうこともあります。

　また、逆説的ですが、「職員に不満・クレームがない職場は良い職場だ」とはいえません。なぜなら、それは職場全体にマンネリ・前例踏襲主義がはびこっている可能性があるからです。

　こうした職場では、職員は不満を感じるどころか、かえって面倒が増えるので職員は変化することを嫌います。既に住民ニーズが少なくなった事業を、ただ機械的に行っているということもあるかもしれません。

　このため、職員に不満・クレームがないからといって安心するのは禁物です。

妄想するセンス

　フレームワークには様々な種類がありますが、使う人の想像力や発想力によって、ずいぶん結果が変わってきます。

　例えば、急遽、住民に対して、ある情報を周知する必要が生じたとします。そして、課長は住民を集めてイベントを開催することを決め、あなたが担当者として指名されたとしましょう。この場合、5W1H で考えて、イベントの概要を決めるのが一般的です。しかし、「周知が目的なら、イベントでなくてもよいのでは」と考え、「大型商業施設にブースを設けるだけで十分」と発想することも可能です。バリューグラフ（56頁）による新たな方法の発見です。

　さらに、ラテラル・シンキングで発想して、「たまたま発行時期を迎えている住民向けの広報紙に掲載してもらうことで、済ませられないか」と考えることもできます。

　ただ、このように様々な方法を考えるには、単に自分の頭で考えるだけでなく、紙とペンで思いつくことを書き連ねることになるはずです。妄想し、それを実現できないかを考え、書いてみるのです。

　フレームワークを使いこなすためには、ある種の「妄想するセンス」が問われます。例えば、マインドマップやマンダラチャートを使って、何か問題を解決しようとしても、まったく妄想の種も芽生えないのならば、一向に解決策は生まれず、ただ紙とペンを目の前にして、いたずらに時間が過ぎていくだけになってしまいます。

　皆さんには、妄想するセンスはありますか？　『センスは知識からはじまる』（水野学著・朝日新聞出版）と言われますから、センスを磨くことも学習が可能なようです。

●著者紹介

秋田 将人（あきたまさと・筆名）

基礎自治体の管理職。
これまで保育、防災、教育、福祉事務所などの現場から、人事、企画、財政、議会などの内部管理部門まで幅広く勤務。専門紙への投稿や研修講師なども行う。著書に『残業ゼロで結果を出す　公務員の仕事のルール』『ストレスゼロで成果を上げる　公務員の係長のルール』『見やすい！伝わる！公務員の文書・資料のつくり方』『これでうまくいく！自治体の住民説明会の進め方』『そのまま使える！公務員の文書・資料サンプルBOOK』（すべて学陽書房）がある。

公務員のための
問題解決フレームワーク

2021年5月26日　初版発行

著 者　秋田 将人（あきた まさと）

発行者　佐久間重嘉

発行所　学 陽 書 房

〒102-0072　東京都千代田区飯田橋1-9-3
営業部／電話　03-3261-1111　FAX　03-5211-3300
編集部／電話　03-3261-1112
http://www.gakuyo.co.jp/

ブックデザイン／佐藤博　DTP製作・印刷／精文堂印刷
製本／東京美術紙工

©Masato Akita 2021, Printed in Japan
ISBN 978-4-313-15125-3 C0034

どんな場面にも対応できる！
実務に役立つ 50 文例を収録！

職場での検討資料から予算要求資料、住民への周知文書、議会での委員会資料など、自治体職員であれば、必ず一度は作成する文書・資料のサンプルを多数掲載。具体的な作成のポイントを明示した、どんな部署でも役立つ一冊！

そのまま使える！
公務員の文書・資料サンプル BOOK

秋田将人 ［著］
A5判並製／定価＝2,090 円（10%税込）